ERZIEHUNGSRATGEBER - BABY & KLEINKIND

Hurra, ich spiele!

Infos, Tipps & Wissenswertes
rund um Spiel und Bewegung

Lucie Gräbe

Eltern, Beziehung & Entwicklung

INHALTSVERZEICHNIS

VORWORT

Herzlich Willkommen!

Mein Name ist Lucie Gräbe. In diesem Buch gebe ich Impulse und Anregungen, wie Eltern die Entwicklung von Babys und Kleinkindern besser verstehen können. Viele Eltern wollen ihr Kind von Anfang an gut unterstützen und fördern. Genau dafür bietet dieses Buch Hilfe.

- Wollen Sie mehr wissen, als der Mainstream bietet?
- Wollen Sie über gute Geschenke von Freunden und Verwandten für ihr Kind mitbestimmen?
- Gehen Sie weniger nach Moden, als danach, was ihrem Baby und Kleinkind bequem, gesundheitsfördernd und auch praktisch ist?
- Wollen Sie die Neugier und

selbstmotiviertes Spiel ihres Kindes unterstützen?
- Wollen Sie ihrem Kind von Anfang an viel Selbständigkeit mit dafür geeigneten Materialien ermöglichen?

Im ersten Teil des Buches erfahren Sie dazu etwas über:

- die Spielentwicklung von 0 bis 3 Jahren
- die Bedeutung von offenen, die Phantasie freilassenden Spielmaterialien
- die Wichtigkeit für Babys mit Händen und Füßen zu spielen
- die Möglichkeiten einer freien Bewegungsentwicklung mit dafür anregenden Bewegungsgeräten
- die Spiele, die Kinder gerne mit dem Erwachsenen spielen

Im zweiten Teil des Buches habe ich viele Links zu verschiedenen Themen und Webseiten zusammengestellt. Diese sollen es Eltern erleichtern, sich über wertvolle Spiel- und Bewegungsmaterialien, bequeme Kleidung und erste Schuhe und sonstige hilfreiche Dinge schnell zu informieren und diese bei Bedarf zu bestellen.

Die „Material-Tipps“ in diesem Buch haben vor allem Eltern und Kolleginnen zusammen getragen, die von den Erkenntnissen der Kinderärztin Emmi Pikler inspiriert sind. Im Pikler-Institut, Budapest werden seit mehr als 60 Jahren die Bedingungen für eine gesunde Persönlichkeitsentwicklung von Geburt an erforscht und gelehrt. So finden sich am Ende des Buches Links zu Pikler®SpielRäumen und hilfreichen Netzwerken in denen Eltern und Kinder unter 3 Jahren Begleitung und Unterstützung finden können.

Herzlichen Dank an alle Menschen, die mich bei der Vorbereitung des Buches unterstützt haben!

Und vor allem viel Freude im Miteinander mit Ihrem Kind!

Lucie Gräbe

TEIL 1: FÖRDERUNG DURCH FREIES SPIEL UND SELBSTMOTIVIERTE ENTDECKUNGEN

A) Wissenswertes über die Spielentwicklung und geeignete Bedingungen

1. DIE BEDEUTUNG DER FREIEN AKTIVITÄT FÜR DAS KLEINE KIND

Jedes Baby braucht unsere Liebe und Fürsorge und ist gerade am Anfang in sehr Vielem von uns Erwachsenen abhängig. Aber nicht in Allem. Es kann sich schon als kleinstes Baby auch mit sich selbst beschäftigen. Immer da, wo alle Grundbedürfnisse gut erfüllt sind und ein Baby nicht schläft, nutzt es die Zeit um mehr und mehr in seinem Körper anzukommen.

Äußerlich sieht es so aus, als tue es nichts. Aber innerlich geschieht eine ganze Menge. Ich nenne dieses schlichte Sein und sich aus eigenem Antrieb mit sich selbst und der Welt beschäftigen: freie Aktivität. Schon ein Baby spielt auf seine Art und bewegt sich frei.

Mit freier Aktivität bezeichne ich also die spontane und selbstbestimmte Bewegungs- und Spielerfahrung eines Kindes. Jeder Schritt dabei kann ganz aus dem Interesse und der Neugier des Babys kommen, ohne dass es von außen trainiert, motiviert und bespielt wird. Gerade am Anfang müssen zuerst einmal die eigenen Hände entdeckt werden. Mit den Händen werden dann alle möglichen Gegenstände erkundet, um sie später als Werkzeug planvoll benutzen zu können. Dazu braucht ein Baby anfangs jedoch noch gar kein Spielzeug.

Mit der Zeit lernt jedes Kind durch seine eigenen Experimente und Erkundungen die Gegenstände zu beeinflussen. Es erfährt seine Selbstwirksamkeit. Es ist ein Gefühl wie: „Ich habe Einfluss auf die Dinge in der Welt und bin ihr nicht nur ausgeliefert.“ Dies ist ein wichtiger Baustein für eine gesunde Persönlichkeitsentwicklung. Das Kind agiert als Akteur und Regisseur gleichzeitig in seiner Spielentwicklung. Beide Rollen im freien Spiel auszuleben ist ein tiefes inneres Bedürfnis und bringt immer wiederkehrende Freude hervor. Wenn das Kind sprechen könnte, würde es vielleicht sagen: „Das habe ich selbst geschafft! Das habe ich mir ausgedacht und probiert! Ich bin stolz auf mich!“ So bleibt ein Kind auch unabhängig von Lob, und setzt sich selbst die Ziele, die es weder unter- noch überfordern. Durch die Eigenverantwortung spürt ein Kind auch gut, wann es Pausen braucht und neue Erkenntnisse verdauen und vernetzen muss. So entwickelt sich ein echtes Verständnis von sich selbst und der Welt.

Neugier und Eigeninitiative bleiben erhalten. Motorische Sicherheit, Umsicht, Selbstvertrauen, Ausdauer, Geschicklichkeit, Flexibilität, Kreativität und ganzheitliche Intelligenz entwickeln sich durch eine freie Aktivität beständig. Selbständige Kinder entwickeln eine gesunde Persönlichkeit und einen starken Willen. Wer das für sein Kind wünscht, kann Folgendes beachten.

2. WELCHE BEDINGUNGEN BRAUCHT EIN KIND FÜR DAS FREIE SPIEL?

Um selbständig, frei und kreativ spielen zu können muss sich ein Kind von Grund auf sicher und geborgen fühlen. Diese Bindungssicherheit entsteht ganz natürlich, wenn das Baby und Kleinkind vor allem in der Pflege und beim Essen täglich mehrmals die ungeteilte Aufmerksamkeit der Eltern oder anderer naher Bezugspersonen erlebt. Wenn das Kind dabei als Individuum angesprochen wird und der Erwachsene es angenehm berührt und respektvoll behandelt, dann wird es dabei immer wieder auch emotional gut genährt. Wenn ein Kind auf diese Art von Zuwendung gesättigt ist, kann sich der Erwachsene im freien Spiel des Kindes im Hintergrund halten. Es wird ihn dann nicht ständig brauchen um sein Grundbedürfnis nach Liebe und Aufmerksamkeit zu stillen.

Wenn wir einem Kind, das sich zufrieden und sicher fühlt, einen für seine Spiel- und Bewegungsbedürfnisse interessanten Erfahrungsraum herrichten, kann das Kind darin gefahrlos und ungestört frei spielen. Die Zeiträume dafür werden nach und nach größer.

Eine auf das Kind abgestimmte vorbereitete Umgebung beinhaltet vielseitige und für die Entwicklungsschritte des Kindes passende Herausforderungen für Bewegung und Spiel. Beides mischt und befruchtet sich in jedem Entwicklungsalter. Das Kind findet immer neue Kombinationen von Bewegungsmöglichkeiten und Spielmaterialien heraus. Durch das Umräumen und immer wieder neu Herrichten der Dinge bleibt die Umgebung interessant. Ein Aufräumen im Sinne von Wegräumen und damit die Dinge unsichtbar und ungreifbar machen ist für Babys und Kleinkinder noch nicht sinnvoll. Sie müssten sonst nach dem Aufräumen erst alles wieder aus einer Kiste ausschütten, um zu sehen, was es darin gibt.

Spiel- und Türgitter, die eine noch zu gefährliche Treppe abtrennen oder einen Raum im Raum erschaffen, erleichtern es in der Umgebung von Erwachsenen sichere und entspannte Erfahrungsräume für Babys und kleine Kinder zu schaffen. In solch einem Erfahrungsraum muss der Erwachsene nicht ständig aufpassen oder „Nein“ sagen. Maria Montessori prägte den Begriff einer vorbereiteten Umgebung, in der das vorhanden ist, was das Kind für seine Entwicklung gerade braucht.

Für ein freies Spiel brauchen Kinder einfaches, offenes, phantasieanregendes und absichtsloses Spielzeug. Dieses Spielzeug ist eher in Abteilungen für Haushaltsbedarf zu finden als in

Spielzeugläden oder normalen Spielzeugkatalogen. Mehr dazu ist in der anschließenden Ideensammlung aufgeführt. Diese Materialien wurden in vielen Elternhäusern und Pikler®SpielRäumen erprobt, und sind nach wie vor geschätzt.

3. IDEENSAMMLUNG: OFFENE, DIE PHANTASIE FREILASSENDE SPIELMATERIALIEN

- Baumwolltücher
- Metallschüsseln, Puddingformen und Becher (sehr viele)
- Bunte Kunststoffflaschen, z.B. leere Joghurtdrink-Flaschen, Ketchup- oder Kosmetika-Flaschen und Dosen auch aus Blech (mit großem Verschluss, sonst diesen wegen Verschluck-Gefahr weglassen)
- Große, wie kleine Gefäße zum Tragen, Etwas-Hineintun und Sammeln (Wäschekorb, stabile Körbe, Kartons, Plastikkörbe, Hundekorb - auch zum Ausruhen oder sich selbst hineinsetzen)
- Gleichförmige, anfangs recht große, nicht lackierte Holzbausteine
- Ringe aus biegsamen oder hartem Plastik oder Holz

- Kissen und Polster zum Drüber-Kriechen, Bauen oder Ausruhen
- Eimer und Schaufeln auch für drinnen
- Abgesägte und abgeschliffene Holzkochlöffel, Plastiklöffel (Eierlöffel sind meist schön rund)
- Schneebesen aus Silikon und diverse Siebe
- Etwas zum Draufstecken (z.B. Passierholz mit Vorhangringen)
- Leichte Bälle (Stoff- oder Filzbälle); viele der gleichen Sorte sind gut zum Sammeln geeignet; Tischtennisbälle (erst wenn sie nicht mehr in den Mund genommen werden)
- Diverse einfache (Holz-)Autos und Nachziehtiere
- Becher, Teller aus Plastik oder Blech fürs erste Rollenspiel
- Einfache Puppen und Stofftiere (möglichst ohne Kleidung, da das Anziehen noch zu schwierig ist. Sie können in Tücher gewickelt werden)

- Betten für Stofftiere und Puppen (Kartons genügen)
- Einfache Dinge zum selbst Anziehen für erste Rollenspiele im dritten Lebensjahr, wie: Stulpen für die Arme, Kappen, Hüte, Jacke, Tücher
- Häkelschnüre zum Zubinden oder Aufrollen und Hinterherziehen
- Tücher zum Putzen spielen und kleiner Besen
- Materialien zum Schütten, Löffeln, Sortieren (Flaschenverschlüsse, Nüsse, Kastanien, Korken, große Knöpfe, große Holzperlen – (bei über 2-Jährigen ggf. auf Tablette dazu auch Zuckerzangen, kleine Holz-Schaufeln, diverse Messlöffel) und Gefäße zum Hineinschütten (groß und klein: von der Plastik-Wäsche-Wanne bis zum Holz-Eierbecher) für den Spielbereich
- Aststücke zum Bauen und Sammeln
- Alles, was interessant ausschaut, „anders“ und nicht spitz oder scharf ist.

Achtung zur Größe der Materialien in Bezug auf eine Verschluck-Gefahr:

Alle kleinen Einzelteile, die durch eine Klopapierrolle fallen würden, sind für Kleinkinder, solange sie noch alles in den Mund nehmen zum Erkunden gefährlich. Auch wenn Kinder schon das Gehen üben und dabei etwas in den Mund stecken, kann es beim Hinfallen leicht verschluckt werden.

4. WENIG GEEIGNETES „MAINSTREAM-SPIELZEUG“

Im Unterschied zu diesen einfachen Materialien will ich auch das weniger geeignete Spielzeug erwähnen. In unserer Kultur kommt es einem so normal vor, dass Babys damit spielen. Wenn Kinder nichts Anderes bekommen, spielen sie natürlich auch mit diesem normal propagierten „Konsum-Spielzeug“. Doch dies sind die Nachteile dabei:

Mit „magischem Spielzeug“, das beispielsweise Geräusche macht, die für ein Kind nicht nachvollziehbar sind, kann man Kinder zwar kurzzeitig locken, doch eine Vertiefung und eigene Kreativität regen diese Spielzeuge nicht an. „Spielbögen“ können gerade Babys sogar überstimulieren und unnötig erregen. Das

Baby kann die Dauer seines Spiels nicht selbst bestimmen, weil das Mobile oder das am Spielbogen hängende Spielzeug sich unkontrolliert und geräuschvoll weiter bewegt, auch wenn das Baby mit seinen Händen nur unbeabsichtigt daran schlägt. Das Kind kann die Gegenstände nicht mit allen seinen Sinnen untersuchen, weil diese festgemacht und nur auf eine bestimmte Art zu gebrauchen sind. Gerade in den ersten Monaten muss das Baby einfach alles in den Mund nehmen. Dies nicht zu können und die Bewegung und Töne der Dinge erzeugt Spannungen im Kind. Die Überstimulation kann auch zu Einschlafschwierigkeiten führen.

Auch „didaktisches Spielmaterial“, das man nur auf eine ganz bestimmte Art verwenden kann, ist für Kinder im ersten Lebensjahr noch wenig geeignet. Manches davon wird „Activity-Center“ genannt. In diesem Gebilde sind verschiedene Spielmöglichkeiten integriert. Wenn ein Kind mit diesem Material spielt, versucht es auch dabei wieder dieses wenigstens in den Mund zu nehmen, um seine Beschaffenheit auch oral zu erkunden. Oft wird dies dann als Verbot ausgesprochen. Doch mit diesem frühen „Nein“ kann ein Kind im ersten Lebensjahr noch wenig anfangen. Sein innerer Trieb ist mächtiger als seine Willenskraft diesen zu unterdrücken.

Wenn dann Puzzleteile aus Karton zerkaut sind oder Kleinteile, die zu einem didaktischen Spiel-Set gehören in verschiedenen Ecken verstreut sind, ist es um das Geld für dieses Material schade. Wenn dagegen gerade nichts Anderes zum Erkunden oder Sammeln vorhanden ist rate ich, ein Kind auch „unkonventionell“ mit dem didaktischen Spielmaterial experimentieren zu lassen. Besser bieten wir ein didaktisches Material, das in seiner Umgangsart Regeln beinhaltet, so wie später auch Papier und Stift, in unserem Dabei-Sein an. Wenn wir den Spielbereich verlassen, räumen z.B. das Puzzle lieber für das Kind unerreichbar wieder weg.

Auch Lochscheiben, die nach oben hin immer kleiner werden, sind ein didaktisches Spielmaterial, an dem ein Kind die Eigenschaften der Größe, bei bunten Scheiben ggf. auch der Farbe kennenlernen kann. In diesem Falle würde es die Lochscheiben nur auf eine Weise „richtig", also der Größe nach stapeln können. Wenn dies noch nicht der Fähigkeit des Kindes entspricht, verliert es schnell das Interesse. Wenn es jedoch mit den gleichen Lochscheiben auch frei spielen darf, hat das Material noch viel mehr Potential für eigenständige Entdeckungen. Das Kind spielt beispielsweise auch gerne mit dem Loch selbst in den Scheiben, nimmt die Scheiben in den Mund, klopft, wischt und fegt damit auf den Boden, sammelt sie in

Schüsseln und schüttet sie wieder aus, lässt sie rollen, u.v.m.

Von sich aus spielen Kinder nicht nur einseitig mit einem Material, außer dieses trifft gerade voll und ganz den „Lernimpuls“ eines Kindes. Maria Montessori bezeichnete diesen Moment als sensible Phase. Bei der Lochscheibe ist das didaktisch vorbereitete Thema der sensiblen Phase, Größenverhältnisse zu erforschen. Doch die Lochscheibe selbst kann wie beschrieben vielseitig verwendet werden. Für das Thema der Größenverhältnisse ist interessant zu wissen: das Kind lernt dieses Thema nicht ausschließlich mit den Lochscheiben, sondern gleichzeitig auch mit vielen anderen offenen Spielmaterialien, die es vergleicht, in-einander, aufeinander und neben-einander legt oder steckt und dabei genau betrachtet.

Von der motorischen Fähigkeit können Kinder anfangs leichter mit größeren Gegenständen umgehen und sind später dann auch mit kleineren Gegenständen bei dem gleichen Spielthema immer geschickter. Beispielsweise üben sie das Übereinander-Stapeln gerne mit großen Holzbausteinen. Dabei ist ein schneller Erfolg durch die leicht wachsende Höhe eines Turmes zu erleben, wie auch viel Freude beim Umfallen des Turmes. Kinder erleben dabei die Gesetzmäßigkeiten der Schwerkraft kennen. Alles fällt hinunter auf den Boden. Immer wieder experimentieren Kinder damit und lassen alle möglichen Gegenstände aus ihrer Hand fallen, leider auch den Löffel zum Essen. Kleinere Legoteile anzubieten macht somit erst viel später Sinn. Erstens sind die einzelnen Teile im ersten Lebensjahr wegen der oralen Phase noch zu klein. Zweitens bleiben sie beim Umfallen eines Lego-Turmes ineinander stecken. Um sie auseinander zu nehmen, braucht ein kleines Kind die Hilfe des Erwachsenen.

Dies erzeugt eine unnötige Abhängigkeit. Diese erübrigt sich, wenn man das Legospiel erst dann anbietet, wenn ein Kind dafür schon das kleinmotorische Geschick entwickeln kann.

5. WIE VERLÄUFT DIE SPIELENTWICKLUNG VON 0-3 JAHREN?

Die Spielentwicklung verläuft linear. Alles baut aufeinander auf. Ohne dass ein Kind einen Gegenstand ergreifen kann, kann es auch nicht lernen, wie es ihn wieder loslassen kann. Und um Beides zu tun, muss es sich erst ausreichend lange mit seinen eigenen Händen beschäftigt und sie in Ruhe entdeckt und untersucht haben. In der Spielentwicklung verfeinert das Kind seine Kleinmotorik.

A. Aktivitäten in der Zeit von etwa von 0-3 Monaten

Das Baby bringt seine Hände in sein Blickfeld. Zuerst geschieht das noch zufällig und absichtslos. Seine Bewegungen sind dabei noch sehr unkoordiniert. Es schlägt sich anfangs manchmal selbst ins Gesicht. Dann beginnt es die Hände auch an den Mund zu führen. So kann es sein, dass es beginnt seinen Daumen zu lutschen. Es öffnet und schließt seine Fäuste. Es bewegt schließlich auch einzelne Finger. Da es ja mit einem Greifreflex zur Welt kommt lernt es nun bewusst loszulassen. Es greift beispielsweise ein erstes Tüchlein und lässt es wieder los. Es lernt seine Hände zu drehen. Dann treffen sich auch beide Hände. Das Baby sieht und spürt, wie seine Hände zusammen kommen.

Dieses erste freie Spiel: die Entdeckung der eigenen Hände, geschieht ganz unspektakulär. Das Baby braucht dazu keine Spielbögen und Mobiles, die es von diesen wichtigen ersten Entdeckungen der eigenen Hände sogar ablenken würden. Das Baby muss nicht beschäftigt werden. Es kennt keine Langeweile. Es ist einfach da und kommt mehr und mehr in seinem

Körper und auf der Welt an. Oder es macht durch meckern oder weinen deutlich, dass es etwas von uns braucht. Dies bezieht sich dann meistens auf seine Grundbedürfnisse wie Hunger oder Müdigkeit, aber nicht darauf, dass es beschäftigt werden will.

B. Aktivitäten in der Zeit von etwa 4-6 Monaten

Das Baby greift nun bewusst nach einem Gegenstand. Es sieht ihn, zielt auf ihn und greift ihn. Es lernt einen Gegenstand von einer Hand in die andere zu geben. Dennoch hat es dabei noch keine besondere Beziehung zum Gegenstand. Das merkt man daran, dass es ihm nichts ausmacht, wenn der Gegenstand wieder aus seinem Gesichtsfeld verschwindet und damit weg ist. Das Baby macht verschiedene Erfahrungen mit jeweils einem Gegenstand, auf den seine Aufmerksamkeit gerichtet ist. Die Gegenstände werden bewegt, geschüttelt, über den Boden gewischt, gedreht. Mit ihnen wird gefegt und geklopft. Immer wieder wird ein Gegenstand in den Mund genommen. Das ist eine neue sinnliche Erfahrungsebene und bewirkt, dass das Baby die unterschiedlichen Qualitäten der Materialien sinnlich speichert. Sie werden „einverleibt“.

C. Aktivitäten in der Zeit von etwa 7-9 Monaten

Nun kann das Baby schon eine Beziehung zum Gegenstand über seinen Blickkontakt beibehalten. Auch wenn ein Gegenstand wegrollt, schaut es ihm nach und weiß, dass dieser weiterhin permanent existiert. So kann es auch mit Gegenständen spielen, ohne sie direkt wie vorher in der Hand zu halten. Es lässt Gegenstände beispielsweise fallen und hebt sie wieder auf. Es wirft Spielzeug weg und schaut genau zu, wie dieses rollt oder fällt. Es lauscht, welche

Geräusche das Spielzeug dabei macht. Wenn das Baby kann, bewegt es sich hinter dem Gegenstand her, um ihn erneut zu ergreifen und seine Experimente fortzusetzen. Es macht dabei die Erfahrung, sich von etwas zu trennen und es wiederzufinden. Seine Tätigkeiten werden dabei immer differenzierter. Es schiebt und schubst Gegenstände, lässt sie rollen und kreiseln und stellt sie auf, um sie ggf. wieder umzustoßen.

D. Neue wichtige Erfahrungen vor dem ersten Geburtstag

Das Baby nimmt nach und nach zwei Gegenstände gleichzeitig in zwei Händen wahr. Es lernt diese in der Mitte zusammenzubringen. Es kann nun mit einem Gegenstand auf einen anderen klopfen und einen Gegenstand in einen anderen hineinhalten. Es erfährt dadurch

Proportionen und Zusammenhänge. Es kann Gegenstände unterschiedlich kombinieren. Das alles ist eine intellektuelle Leistung. Diese Erfahrungen bilden die Grundlage für viele weitere Lern- und Lebenserfahrungen.

E. Aktivitäten in der Zeit von etwa 10-12 Monaten

Das Baby oder bald schon Kleinstkind legt einen Gegenstand in einen anderen hinein und lernt zwei zusammenpassende Gegenstände, wie Deckel und Dose zu verbinden. Durch feine und abgestimmte Bewegungen lernt es mit Daumen und Zeigfinger den Pinzetten-Griff. Es interessiert sich ähnlich geformte Dinge zusammenbringen. Nun wird es spannend, wenn es von einem Gegenstand mehrere der gleichen Art im Spielbereich gibt.

F. Aktivitäten im zweiten Lebensjahr

Jetzt wird das Sammeln von mehreren Gegenständen mit gleichen Eigenschaften interessant. Das Kleinstkind bildet ein Verständnis von der Menge 1 und 2 zur 3. Drei Gegenstände bilden schon eine kleine Gruppe. Schließlich überschaut und spielt es mit größeren Mengen und macht Erfahrungen mit dem Begriff „alle" Gegenstände der gleichen Art. Oft konnte ich beobachten, dass Kinder zu dieser Zeit „alles Spielzeug" in einen Puppenwagen packen oder „alles" in einer großen Box sammeln, die dann als Müllauto bezeichnet wurde.

Gleiches oder Ähnliches wird ineinander gestellt oder zusammen gesteckt, wie beispielsweise eine kleine Schüssel in größere Schüsseln gestellt. Große Mengen werden in eine einzige Schüssel gegeben.

Gleiche Gegenstände werden in Reihen gestellt. Das Kleinstkind sortiert, ordnet zu, stapelt Mengen, schüttet aus- und um-, in unendlichen Variationen. Wenn es viele Eimer, Becher und Schüsseln gibt, kann das Kind nach Größe, Form, Materialqualität und Farbe damit experimentieren.

G. Aktivitäten ab etwa 1,5 Jahren und über das 3. Lebensjahr hinaus

Das Kind setzt sich selbst in etwas hinein. Dafür sind Kisten, Karton und große Schüsseln ideal. Es schiebt und trägt nun gerne schwere Gegenstände und zieht etwas hinter sich her. Es beginnt auch Alltagserlebnisse nachzuahmen und daraus ein Symbolspiel zu machen. So wird aus dem Holzklotz ein Handy, das ans Ohr gehalten wird. Ein häufiges erstes Rollenspiel ist dann beispielsweise dass ein Stofftier oder eine Puppe gefüttert wird.

Dabei nimmt das Kind schon für kurze Zeit die Rolle der „Mama“ ein.

Das Kind entdeckt, dass es „Spuren“ auf Papier oder mit Kreide auf einer Tafel machen kann. Es „malt“ auch mit einem Stock in den Sand oder mit dem Finger in den Schnee. Die Malentwicklung hat Arno Stern sehr gut in seinem „Malraum“ erforscht. Ein Kind erlebt die Auswirkung seiner Arm- und Handbewegungen, indem es je nach Heftigkeit kleine oder größere Striche oder Punkte auf dem Papier erzeugt. Dass daraus irgendwann auch Spiralen oder Kreise entstehen, bedeutet noch lange nicht, dass das Kind eine bestimmte Form malen will. Auch hier folgt es einem inneren Trieb. Der Gebrauch des Stiftes oder der Kreide in seiner Hand wird immer differenzierter. So wird es dem Kind möglich, immer unterschiedlichere Formen zu erzeugen und diese dann später auch bewusst zu kombinieren. Bei den „Kreativen Material-Tipps“ ist die Webseite von Arno Stern zu finden.

Auch die Entwicklung des Bauens hat eine natürliche Abfolge: Das Kind legt zuerst Reihen von Gegenständen hintereinander. Es hält öfter Gegenstände in der Luft zusammen. Dann beginnt es einen Turm zu bauen. Kinder ab etwa drei Jahren kombinieren dann die Reihen und Türme zu Blockbauten. Sie bilden später von selbst Brücken, bauen Zäune und Spiellandschaften und gestalten schließlich Raumbauten.

H. Zusammenfassung

Im freien Spiel spielt das Baby und Kleinkind aus eigenem Antrieb. Dies schenkt ihm automatisch viele

Lernerfahrungen. Diese sind sehr wertvoll für das zukünftige Leben des Kindes, weil dabei seine Eigeninitiative und Selbstverantwortung erhalten bleibt und sogar noch mehr geübt wird. Das Kind lernt durch das freie Spiel das Lernen an sich und es bewirkt, dass sich jedes Kind genau im eigenen Tempo entwickelt. Es macht die Dinge nicht nur aus Lust und Laune. Es ist ein innerer Antrieb, aus dem heraus das Kind auch keine Anstrengung scheut. Kinder die viel frei spielen, werden nicht lern-faul. Im Gegenteil sie lernen mit großem Interesse und großer Aufmerksamkeit und vor allem mit viel Freude.

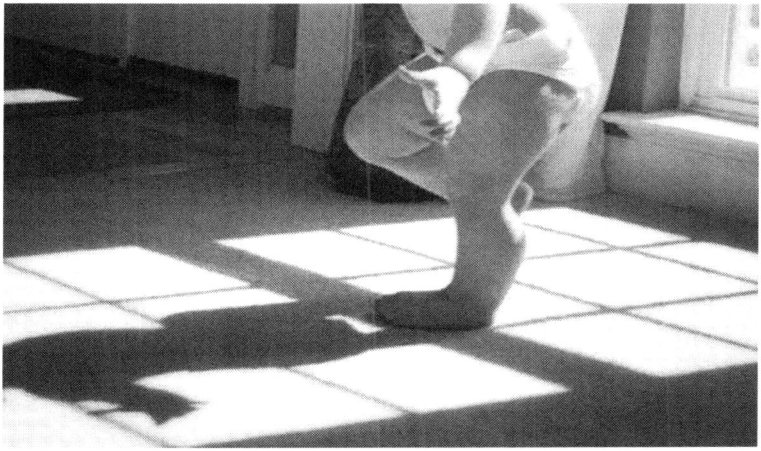

Auch das Spiel mit dem eigenen Schatten kann ein Kind immer wieder fesseln.

I. Nachahmung und soziales Lernen

Dies bedeutet jedoch nicht, dass es für ein Kind außer dem freien Spiel nicht auch andere Spiel- und Lernmöglichkeiten gibt, die zum Alltag des Kindes gehören und wertvoll für dessen Entwicklung sind. Ein sehr großer Teil des Lernens geschieht über den Erwachsenen als Vorbild und den Nachahmungstrieb. Kinder wollen für uns wertvoll sein und uns alles nachmachen bis hin zum Umgang mit Besteck. Sogar, wie wir mit unseren Gefühlen umgehen, ahmen Kinder nach, bis hin zu den Wörtern, die wir beispielsweise in unserer Wut verwenden.

Bei den Aktivitäten rund ums Kochen gibt es so Einiges bei dem man ein Kind mit einbeziehen kann. Es „kocht und putzt“ auf seine Art und hat dabei viel Freude.

Auch in die Werte und Regeln einer Familie, eines Kindergartens oder einer ganzen Kultur wachsen Kinder nach und nach hinein, auch durch deren Übertretung. Wenn Kinder dabei individuell und persönlich angesprochen werden, respektvolle Rückmeldungen bekommen und persönliche Grenzen erfahren, können Sie soziale Rücksichtnahme und Höflichkeit lernen, ohne dabei ihre Integrität als Persönlichkeit zu verlieren. Gerade Konflikte gehören untrennbar zu diesen sozialen Lernprozessen und lassen den Erwachsenen wie auch das Kind dabei reifen und wachsen. Wichtig für die Integrität von allen Beteiligten ist dabei, dass jeder sich nicht als Subjekt und als Ganzes abgelehnt fühlt. Stattdessen geht es darum, wie oder wann etwas getan werden soll und wie man die Bedürfnisse von allen Familienmitgliedern ernst nimmt. Wenn der Erwachsene in diesem Prozess respektvoll zu führen lernt, fühlt sich das Kind grundsätzlich angenommen und will gerne kooperieren. Es erfährt durch Konflikte auch, was dem Anderen wichtig ist und ob es je nach Situation Wahlmöglichkeiten und einen Spielraum gibt. Wenn ein Kind in einem passenden Rahmen immer wieder mitentscheiden darf, fällt es ihm leichter mit den vielseitigen Erwartungen des Anderen gut zu kooperieren.

6. DAS GEGENTEIL VON ANIMATION

Manche Erwachsenen lieben es mit Kindern zu spielen. Sie fragen sich nun vielleicht: soll ich das überhaupt tun oder störe ich ein Kind in seinem freien Spiel, wenn ich ihm meine eigenen Spielideen anbiete? Wie kann also ein spielerisches Miteinander sein, wenn dabei das Kind in seiner Reife abgeholt und nicht überfordert wird?

Diese - am Kind orientierten - Spiele sind andere, als wenn wir als Erwachsene kleine Kinder zu bestimmten Spielen animieren. Der Erwachsene rasselt z.B. einem Baby etwas vor und drückt ihm den Griff der Rassel dann in die Hand, obwohl das Baby eigentlich gerade mit seinen Händen am Spielen war. Der Erwachsene baut z.B. mit Bausteinen einen Turm vor der Nase eines sitzenden Kindes, das von sich aus gerade erst beginnt mit zwei Gegenständen gleichzeitig zu spielen und den Turm somit höchstens umwerfen könnte, statt das Bauen nachzuahmen. Oder der Erwachsene bringt einen Kreisel zum drehen zu einem Zeitpunkt bei dem das Kind den Pinzetten-Griff noch gar nicht beherrscht. Das mag kurz spektakulär wirken und einem Kind seine Aufmerksamkeit „abverlangen", aber es wird das Kind nicht dazu inspirieren selbständig mit dem Angebot weiter zu spielen und seine eigenen Entdeckungen zu machen. Es kann dabei eine Freude über einen gemeinsamen Blickkontakt entstehen. Das ist eine Freude, die dem Erwachsenen wie dem Kind Energie und Liebe schenkt. Doch sie ist nicht gekoppelt an das animierende Spiel, das vom Erwachsenen gestartet wurde. Im Gegenteil ist mein Rat in solch einem Moment lieber das Spiel sein zu lassen und die Beziehung zu genießen statt das Kind weiter mit etwas zu locken das gar nicht seinem echten Interesse oder seinen Fähigkeiten entspricht.

Nun gibt es im Unterschied zum animierenden Spiel des Erwachsenen verschiedene Spiele, die vom Kind ausgehen und von ihm selbst initiiert werden. Bei diesen Spielen kann der Erwachsene sicher sein, dass das Kind sie seiner Reife gemäß als Aktivität genießt und sich dabei gesehen und auch emotional genährt fühlt, wenn der Erwachsene darauf eingeht.

7. DIE NATÜRLICHEN SPIELEINLADUNGEN DES KLEINEN KINDES

Ein häufiges Spiel des Kindes ist das schelmische Spiel zu dem es von sich aus den Erwachsenen einlädt. Was kann das sein?

Wenn ein Kind beispielsweise gewohnt ist, beim Wickeln auf jeden neuen Schritt vorbereitet und zur Mitwirkung eingeladen zu werden, stellt es öfter mal den vertrauten Ablauf auf den Kopf. Es dreht sich weg oder zieht seinen Fuß oder Arm zurück, den du als Erwachsener gerade zum Anziehen brauchst. Oder es zieht sich das Handtuch oder ein Kleidungsstück über den Kopf und versteckt sich. Mit großem Lachen taucht es dann wieder auf und ist bereit mit dem Wickeln weiter zu machen, wenn wir nicht ärgerlich werden, weil wir das schelmische

Spiel ggf. als Verweigerung missverstanden hatten.

Es gibt Körper-Kontaktspiele, die vom Kind ausgehen. Ein Kind legt dabei seinen Kopf oder andere Körperteile zu einem anderen Menschen oder berührt und ertastet den Anderen ohne bestimmte Absicht. Unter Babys sind dann manchmal die Haare oder Körperöffnungen, wie Mund, Ohr oder Nase besonders interessant. Sie erkunden sich gegenseitig oder drehen sich weg, wenn es ihnen zu viel wird.

Sehr gerne spielen Babys mit Lauten, schauen den Erwachsenen dabei auffordernd an und laden ihn zu einer Reaktion und Antwort ein.

Es gibt das Spiel des Zeigens. Es hat die Bedeutung „Was ist das?“ zu fragen. Das Kind erwartet unsere Antwort. Es freut sich darüber und ahmt die Laute oder Worte des Erwachsenen nach, der z.B. den gezeigten Gegenstand benennt.

Es gibt das Bitte-Danke-Spiel. Dabei gibt und nimmt das Kind dem Erwachsenen einen Gegenstand. Wenn es von uns die Worte „Bitte und Danke“ dabei hört, kann es diese Spielerfahrung auch mit anderen Alltagssituationen in Verbindung bringen. Eine ausgestreckte leere Hand mit dem Wort „Bitte“ signalisiert, dass der andere etwas haben möchte oder es sich gerade respektvoll genommen hat. Manchmal zeigt ein Kind einen Gegenstand nur und zieht ihn wieder weg, bevor der Erwachsene oder ein anderes Kind ihn annehmen konnte. Wenn es dabei auch noch schelmisch grinst, wird deutlich, dass es mit dem Thema: Geben und Nehmen spielerisch auch soziale Erfahrungen macht. Es ist dabei interessant, wie unterschiedlich Kinder und Erwachsene auf diesen ersten „Humor“ des Kindes reagieren.

Wenn ein Kind den Schoß oder die Hände des Erwachsenen mit Gegenständen oder mit Sand füllt und zum Überlaufen bringt können wir diese Aktion als Fülle-Spiel bezeichnen.

Sehr gerne spielen kleine Kinder auch das Weglaufen-und-wieder-kommen. Das ist ein Beginn des Spiels „Verstecken“.

Wenn Kinder mit dem Rollenspiel beginnen, spielen sie nicht nur „Puppe-füttern“, sondern wollen auch dem Erwachsenen etwas anbieten. So kommt der Erwachsene zu manchem imaginären Schluck Wasser. Wenn sich ein kleines Kind beginnt, zu verkleiden und beispielsweise mit Mütze und einer großen Tasche „einkaufengehen“ spielt, dann will es dabei gerne vom Erwachsenen einfach nur „gesehen-werden“. Vielleicht winkt es uns fröhlich zu und sagt: „Tschüss!“. Wenn wir in dieser Situation einfach nur zurückwinken und viel Spaß beim „Einkaufen“ wünschen ist die Freude des Kindes in seinem Spiel noch größer.

8. MITSPIELEN UND DABEI DENNOCH DIE INITIATIVE BEIM KIND LASSEN

Bei allen Spieleinladungen, zu denen Sie von ihrem Kind eingeladen werden ist Folgendes hilfreich zu beachten:

Lassen Sie sich nur auf ein Spiel ein, wenn Sie dies wirklich wollen und dafür gerade auch wirklich Zeit haben. Nur so sind Sie nicht halbherzig dabei oder haben weiterhin Gedanken im Kopf, was noch alles zu erledigen ist.

Spielen Sie nicht „dem Kind zu Liebe“ mit, denn das wäre eine Doppelbotschaft. Sie tun dann nur so, als hätten Sie Freude daran. Ein Kind jedoch spürt, ob Sie wirklich ganzen Herzens dabei sind oder nicht. Intuitiv fühlt es sich nicht gut bei einer Doppelbotschaft. Manchmal ringt es dann weiter um Ihre echte Aufmerksamkeit. Sagen Sie stattdessen lieber: „Jetzt kann oder mag ich gerade nicht.“ Wenn Sie zu anderen Zeiten „Ja“ sagen, ist das ein echtes „Ja“, bei dem das Kind ihre volle Zuwendung spürt und sich gut fühlt. Es kann dann auch ein „Nein“ besser akzeptieren lernen, weil es im Tagesablauf immer wieder nährende gemeinsame Zeiten gibt. Und diese ergeben sich sowieso täglich in den Pflegesituationen und lohnen sich, dass wir uns darauf dann möglichst mit ungeteilter Aufmerksamkeit einlassen. Wir müssen also nicht aus „schlechtem Gewissen“ Ja-sagen und mitspielen weil wir denken, dass Kinder nur im gemeinsamen Spiel Aufmerksamkeit geschenkt bekommen könnten. Auch wenn wir nicht mitspielen, können wir zwischendurch mit freundlichem Blick dem Spiel der Kinder zusehen. Kinder spüren unser Wohlwollen wie Sonnenstrahlen auf der Haut und fühlen sich auch gesehen, wenn wir gar nichts tun und einfach nur gleichzeitig mit ihnen im Raum oder draußen sind.

Lassen Sie die Regie beim Kind. Stellen Sie sich für das zur Verfügung, was Ihr Kind gerade im Sinn hat, statt das Spiel nach Ihren Vorstellungen zu verändern und zu beeinflussen. Kinder verarbeiten beispielsweise in ihren Rollenspielen auch ihre Erlebnisse, positive wie negative. So finden wir viel über ein Kind heraus, wenn es genau das auf seine Art spielen kann, was es wirklich beschäftigt.

Kindliche Rollenspiele werden einem Erwachsenen meist schnell langweilig. Der Erwachsene kann Kindern auch einfach nur in ihrem Spiel zuschauen und zwischendurch kurz auf etwas reagieren, wenn er angesprochen oder angespielt wird. Falls Sie sich auf ein Spiel eingelassen haben, dann finden Sie einen guten Moment, um das Spiel rechtzeitig zu verlassen, bevor Sie die Lust verlieren. Sagen Sie dem Kind z.B., dass sie jetzt etwas anderes tun werden. Oder laden Sie das Kind auf eine kleine Trinkpause oder zum Wickeln „als Abschluss“ ein. So fühlt es sich nicht als Person abgelehnt. Sie können auch einen Ausstieg aus dem Spiel finden, wenn Sie z.B. nach der nächsten Haltestelle des Buses fragen, in dem Sie im Rollenspiel des Kindes gerade sitzen.

9. GEMEINSAME AKTIVITÄTEN, DIE DER ERWACHSENE EINEM KLEINEN KIND ANBIETEN KANN

A. Gemeinsame Spaziergänge

Gemeinsame Spaziergänge, bei denen das schon sicher laufende Kind das Tempo bestimmen darf und man kein Ziel zu einer festen Zeit erreichen muss, können für Groß und Klein ein Entdeckungsraum voller Überraschungen sein.

B. Das Bilderbücher-Anschauen

Bilderbücher anschauen ist eine Aktivität, die zuerst vom Erwachsenen ausgeht. Wenn Kinder dies im 2. oder 3. Lebensjahr mögen und schon kennen, bringen sie jedoch auch gerne dem Erwachsenen ein Buch, um ihn zur gemeinsamen Interaktion einzuladen oder schauen Bilderbücher auch gerne alleine an. Ich empfehle diese gemeinsame Aktivität ganz behutsam anzugehen und das eigene Kind dabei gut kennenzulernen. Was interessiert es dabei? Das Umblättern, einzelne Abbildungen oder ein Tier, das es schon kennt? Mag es den Dialog mit dem Erwachsenen besonders und schaut genau auf die Mundbewegungen, wie dieser etwas sagt oder welche Geräusche er von sich gibt?

Viele Bilderbücher sind für kleine Kinder nicht zum Vorlesen geeignet, weil sie sprachlich nicht konkret und einfach genug geschrieben sind. Wenn der Erwachsene stattdessen mit seinen Worten, das beschreibt, auf was das Kind gerade aufmerksam ist, kann das Kind diese Worte gut aufnehmen und in sich mit seinen Erfahrungen vernetzen. Gemeinsam die Bilder zu entdecken, zu zeigen und zu beschreiben, die ein Kind schon kennt und ihm dazu die Namen und Wörter der Dinge zu sagen, interessiert dennoch nicht jedes kleine Kind gleichermaßen.

Falls Sie ein Kind haben, dass mehr auf Bewegung aus ist, als sich länger konzentriert mit einem Bilderbuch zu beschäftigen, dann seien Sie sich sicher, dass Ihr Kind seinen Sprachschatz vor allem auch im normalen Alltag erweitert. Wenn Sie gerade in Pflegesituationen immer wieder das ansprechen, was Sie mit dem Kind vorhaben und wobei es Sie unterstützen kann, sind diese Alltagsgespräche nicht nur eine nährende

Beziehungszeit, sondern auch sehr geeignet, dass Kinder in unsere Sprache hineinwachsen.

C. Das Singen

Wenn Sie gerne singen sind Sie auch darin Ihrem Kind ein Vorbild. Musik und Lieder können sich auf vielseitige Art positiv auf das Wohlbefinden eines Kindes auswirken. Meine Empfehlung ist es, das Singen gemeinsam als „Spiel“ zu erleben und darauf einzugehen, was das Kind an Liedern mag. Falls es nicht so interessiert ist und lieber „seine Sachen“ weiterspielt, können Sie dennoch für sich selbst aus Freude weiter singen. Dann singen Sie nicht nur für Ihr Kind, sondern auch, weil es Ihnen selbst gut tut und Spaß macht. Eben dafür sind Sie dann Vorbild, auch wenn Ihr Kind dies scheinbar nicht besonders beachtet. Irgendwann, wenn Kinder schon zu sprechen beginnen, kann es sein, dass sie plötzlich immer wieder gehörte Liedtexte beginnen mitzusingen. Manchmal hilft es dem Erwachsenen sich selbst in einer aufgewühlten Situation durch bestimmte Töne zu beruhigen. Dieses beruhigende Singen kann sich durch unsere Entspannung auch auf das Kind übertragen und es fühlt sich durch die Stimmung, die Töne auslösen „innerlich getragen". So kann ein beruhigendes Singen auch Trost spenden und eine schöne Atmosphäre des Miteinanders gestalten, die natürlich ebenso in einer anteilnehmenden Stille entstehen kann.

Was ich nicht empfehle ist, das Singen als Ablenkung zu benutzen. Singen Sie beispielsweise nicht beim Wickeln damit Ihr Kind ruhig ist oder still hält und eilen sich dabei in Ihren Handlungen. Das vermittelt Ihrem Kind eine doppelte Botschaft. Es ist für die Entwicklung Ihres Kindes wertvoller, wenn Sie mit ihm über das, was mit ihm geschieht im Dialog bleiben und es zur Mitwirkung einladen, als wenn mit ihm etwas geschieht, während seine Aufmerksamkeit auf ein Lied, Mobile oder Spielzeug beim Wickeln gerichtet, also abgelenkt ist. Das erzeugt eine Teilung des Körpers in oben Kopf und unten Unterleib. Doch gerade für Babys und Kleinkinder ist ein Hauptthema der Entwicklung in ihrem Körper gut anzukommen und ihn als Ganzheit mit allen Sinnen zu erfahren. Genau das fördert der Erwachsene bei einem Wickeln, in dessen gesamten Ablauf er das Kind durch Worte, Gesten und angenehme Berührung aktiv einbezieht.

D. Das Wickeln, Baden und Füttern

Alle Pflegesituationen sind wertvolle gemeinsame Aktivitäten, die vom Erwachsenen ausgehen und von ihm in einem beziehungsvollen Miteinander angeleitet werden. Gerade hier ist die Führung wichtig. Es gibt einen Ablauf, in den das Kind hineinwächst. Es darf mitwirken und wird dazu immer wieder neu eingeladen. Der rote Faden geht vom Erwachsenen aus. Er lädt das Kind immer wieder neu zur Kooperation ein. Dies ist nicht zu verwechseln mit der Freiheit, die wir dem Kind im freien Spiel schenken wollen. In der Pflege hat das Kind zwar beispielsweise Bewegungsfreiheit, doch dies in einem vorgegebenen Rahmen. Es kann sich auf dem Wickeltisch bewegen, wenn er eine sichere Umrandung hat, doch es kann nicht durch die ganze Wohnung laufen und beim Wickeln weglaufen spielen. Im Fokus auf die Handlungen beim Wickeln entwickelt das Kind immer mehr motorische Fähigkeiten. Es wirkt mit und gewinnt dadurch mit der Zeit immer mehr Selbständigkeit.

Beim Baden lernt ein Kind das Element Wasser zum Sauber-Werden kennen mit vielen sinnlichen Erfahrungen. Inwieweit die Bade- oder Duschwanne ein sicherer Ort ist um neben dem Gebadet-Werden auch dort zu spielen, kann jede Familie in ihrer Badezimmerzeit im gemeinsamen Miteinander und durch Begleitung des Kindes ausprobieren.

Beim Stillen tankt ein Baby automatisch Körperkontakt und Liebe auf. Dies umso mehr, wenn Sie als Mutter nichts Anderes nebenbei tun. Wenn es dann später mit dem Löffel gefüttert wird und immer mehr selbst mitwirkt, wächst es auch dabei in größer werdende Selbständigkeit hinein. Zusätzlich lernt es beim Essen von uns immens viele Regeln. Um nur ein paar zu nennen: Wie herum wird ein Löffel gehalten, dass der Inhalt im Mund landet? Legen wir ein Brot mit der Butterseite nach oben auf den Teller? Trinken wir bei Tisch aus einem Glas, aber schütten seinen Inhalt nicht aus?

Lassen wir das Essen auf dem Teller, aber werfen es nicht auf den Tisch oder Boden?

Bei all diesen Regeln braucht der Erwachsene viel Geduld. Denn erst aus vielen Grenzerfahrungen und Wiederholungen versteht ein Kind mit der Zeit z.B. die Regel: „Essen ist kein Spielzeug“. So eine Grundregel hat viele Facetten, die das Kind alle erst kennenlernt. Durch unsere beständige respektvolle, aber auch begrenzende Begleitung schenken wir einem Kind gleichzeitig unsere Zuwendung. Es erlebt sich trotz kleinen Konflikten rund um Pflege und Essen als Person ernst und wichtig genommen. Erst mit drei Jahren hat das Gehirn die Reife Regeln schneller zu integrieren, bzw. aus den vielen sich wiederholenden Grenzen, die es erlebt, eine Regel zu machen.

E. Das Malspiel

Arno Stern hat sein Leben der Erforschung der natürlichen Malentwicklung des Menschen gewidmet. Interessant dabei ist, dass auch Erwachsene, die noch nie zuvor gemalt haben, die gleichen Entwicklungsschritte erleben, wie kleine Kinder. Im „Malraum“ in Paris wurde perfektioniert wie Kinder und Erwachsene selbständig ihrer Malfreude folgen können und dabei einer natürlichen Entwicklung folgen. Zuhause braucht ein Kind den Erwachsenen dabei als „Diener“, der Papier und Kugelschreiber herrichtet oder einen anderen Stift, der leicht Spuren hinterlässt. Da kleine Kinder Stifte gerne in den Mund nehmen, ist es gut sie beim Malen zu begleiten. So lernen sie vom Erwachsenen die ersten Regeln im Umgang mit bestimmten Materialien kennen. Wenn das Papier bemalt ist, kann ein Neues hingelegt werden. Wenn das Kind kein Interesse mehr zeigt, ist es gut alles wieder wegzuräumen. Anfangs kennt das Kind die Regeln noch nicht und malt ohne böse Absicht auch auf den Boden oder auf Wände und Möbel. So ist das Malspiel eine Aktivität mit kleinen Kindern, die zwar unsere Zuwendung braucht, aber nicht unser eigenes Malen. Denn dadurch lenken wir das Kind von seinem Prozess ab und machen es schnell zum Zuschauer. Es malt ja selbst ganz anders als der Erwachsene. Das gemalte Vorbild beispielsweise eines Hundes, hilft dem Kind nicht Tiere auf dem Papier nachzuahmen. Im Gegenteil kann es seine Malfreude „im Spuren hinterlassen" trüben und es vom Erwachsenen abhängig machen. „Mal mir ein Schaf", würde dann den Erwachsenen zum Akteur der Aktion machen. Das wäre schade für das Potential des Kindes. Ein weiterführender Link dazu ist in der Rubrik: Kreatives Material zu finden.

F. Original Play

Fred O´Donaldson hat das ursprüngliche Spiel erforscht, das Tieren und Menschen gemeinsam ist. Es ist eine wunderbare Art sich mit Kindern in respektvollem Körperkontakt auf einem weichen Untergrund zu bewegen. Es mutet wie ein gemeinsames „herum-kugeln" an. Gerne setzen sich die Kinder auch auf den Rücken eines Erwachsenen, der immer in der Horizontalen bleibt, dabei krabbelt und niemals aufsteht, so dass er jederzeit für die Sicherheit des Kindes sorgen kann. Im Unterschied zum Raufen gibt es hier keinen Über- oder Unterlegenen. Der Erwachsene achtet darauf, dass sich niemand weh tut und keine Grenze des Respekts überschritten wird. Mehr dazu im Glossar und bei den Links zu informativen Netzwerken für Eltern.

10. ZITATE ZUM THEMA „FREIES SPIEL“

Emmi Pikler:

„Wesentlich ist, dass das Kind möglichst viele Dinge selbst entdeckt. Wenn wir ihm bei der Lösung aller Aufgaben behilflich sind, berauben wir es gerade dessen, was für seine Entwicklung das Wichtigste ist. Ein Kind, das durch selbständige Experimente etwas erreicht, erwirbt ein ganz andersartiges Wissen, als eines, dem die Lösungen fertig geboten wird.“

„Der Säugling „erlernt im Lauf seiner Bewegungsentwicklung nicht nur sich auf den Bauch zu drehen, nicht nur das Rollen, Kriechen, Sitzen, Stehen oder Gehen, sondern er lernt auch das Lernen. Er lernt, sich selbständig mit etwas zu beschäftigen, an etwas Interesse zu finden, zu probieren, zu experimentieren. Er lernt Schwierigkeiten überwinden. Er lernt die Freude und die Zufriedenheit kennen, die der Erfolg - das Resultat seiner geduldigen, selbständigen Ausdauer - für ihn bedeutet."

Emmi Pikler in „Friedliche Babys – zufriedene Mütter", Herder-Verlag

Friedrich Schiller:

„Der Mensch spielt nur, wo er in voller Bedeutung des Worts Mensch ist, und er ist nur da ganz Mensch, wo er spielt."

B) Wissenswertes über die Bedeutung der Füße, die freie Bewegungsentwicklung und fördernde Materialien

1. FREIES SPIEL MIT HÄNDEN UND FÜSSEN – GESUNDHEITSFÖRDERUNG UND VORBEUGUNG VON FUSSFEHLSTELLUNGEN

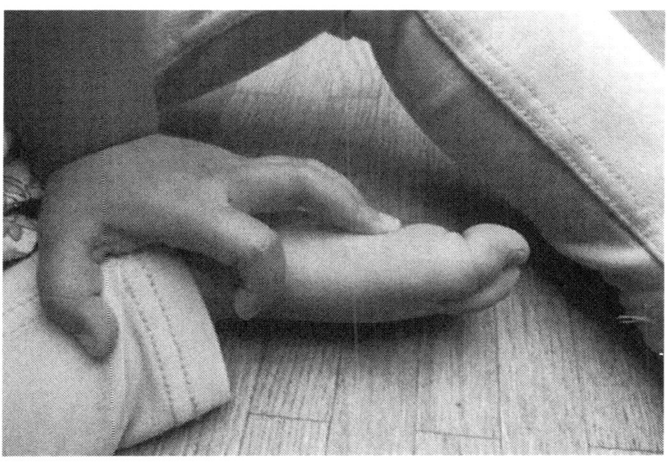

Die kleinen Hände und Füße eines Neugeborenen berühren immer wieder zutiefst unsere Herzen: welch Wunder der Schöpfung, dass im Kleinen wie im Großen alles da ist - und das in vollkommener Perfektion. Wie wertvoll ist es da, die weitere gesunde Entwicklung gerade der Füße, die später noch so viel tragen müssen, gut zu unterstützen. Doch bevor Füße dem neuen Menschlein ermöglichen zu springen, klettern, gehen, krabbeln, rollen und robben, werden sie so wie die Hände auch schon in der Rückenlage nach und nach spielerisch erkundet. Umso mehr, wenn sie nackt sind. Das können viele Eltern auch beim Wickeln beobachten. Wenn es dem Baby dabei nicht kalt wird und keine Eile vorherrscht, genießt es beim Wickeln gerne den Moment wo es nackt ist. Es strampelt dann besonders, juchzt und ergreift mitunter selbst seine Füßchen.

Diesem spielerischen Erkunden von Händen

und Füßen kann in Familien und Krippen in einer freien Spielzeit gut Raum gegeben werden. Bei jedem lebendigen Spielen aus eigener Motivation integriert das Bewusstsein eines Kindes den Fuß und natürlich auch seinen ganzen Körper mit all seinen Sinnen und Möglichkeiten. Doch gerade die Füße spielen unser ganzes Leben lang eine so wichtige Rolle, dass es von besonderem Wert ist, wenn kein Arzt sagen muss, dass ein Kind schon in seinen ersten Schuhen Einlagen tragen sollte.

A. Wissenswertes über unsere Füße

Auf unseren Fußsohlen enden ca. 72.000 Nervenbahnen. Wissenschaftliche Untersuchungen zeigen, dass durch, das Barfußgehen Verbesserungen in der Gesamtkörperkoordination stattfinden. Die Fußmuskulatur der Kinder wird gestärkt, der Blutkreislauf wird durch den Einsatz des ganzen Fußes im Spiel angeregt und dadurch vermehrt Körperwärme freigesetzt. "Ein Großteil kindlicher Fußfehlstellungen ist entwicklungsbedingt und kann über das Barfußgehen korrigiert werden" (Zitat: Dr. Tania Hayn/ Dr. Sonja Stein; Helios Kliniken Berlin, 25.09.09 Weltkindertag: Kinderfüße auf dem Prüfstand).

B. Die Bedeutung des Barfußgehens für die Gesundheit des Kindes

Durch das Barfußgehen bekommen die Kinder mehr Sicherheit in ihren Bewegungsabläufen und stellen ihr Gleichgewicht aufmerksamer auf die Probe. Die sensorische Integrationsfähigkeit wird gesteigert und das Selbstgefühl des Kindes wächst. Die "Freude am nackten Fuß" ist auch für unsere Organe sehr gesund. Sie werden durch die Reflexzonen an unseren Füßen aktiviert und durchblutet. Somit ist die Angst vor kalten Füßen, die zu Erkältungen führen können, meist übertrieben. Zu bedenken ist auch, dass viele Menschen häufig trotz Socken und Schuhen kalte Füße haben. Denn wenn der Fuß geschwitzt hat, kann der Schweiß durch Socken oder Hausschuhe meist nicht verdunsten. Der Fuß bleibt dann feucht und wird deshalb kalt. Was Erkältungen ebenso vorbeugt ist das gute Stoßlüften im Schlaf- und Spielbereich des Kindes, ggf. immer bevor sich das Kind im entsprechenden Raum aufhält. Kinder, die ihren Mittagsschlaf oft auf einer Terrasse oder im Garten machen werden seltener krank als Kinder, die sich häufig in warmen und dabei selten gelüfteten Räumen aufhalten.

C. Ein Tipp bei häufig kühlen Füßen

Halten Sie die nackten Füße deines Kindes zwischendurch in Ihren warmen Händen oder nutzen Sie die Wickelzeit um mit Ihren Händen die Füße angenehm zu halten oder sie sanft dabei zu reiben. Achten Sie dabei gut auf Ihr Kind, ob und wie lange ihm das sichtbar gut tut. Es wird zu strampeln beginnen, wenn es ihm reicht, die Berührung kitzelt oder es eine Bewegungspause braucht. Ja – Kinder machen auch Pause von zuvor intensiver Begegnung oder konzentriertem Spiel, indem sie sich kräftig bewegen!

D. Bewegungsfreiheit fördernde Kleidung

Bequeme Leggins, Jogginghosen oder abgeschnittene Strumpfhosen geben dem Kind mehr Bauch, Hüft-, Bein- und generelle Bewegungsfreiheit und halten das Bein bis zu den Fußgelenken warm. Gestrickte Stulpen, die an den Waden sitzen und den Unterschenkel bedecken, können zusätzlich Wärme in den unteren

Gliedmaßen geben. Auch kann die Zeit des Barfußgehens auf die Hauptzeiten im freien Spiel begrenzt werden. Dann tragen die Kinder z.B. beim Gestillt werden und Essen wieder Socken oder Hausschuhe. Diese sollten eine weiche, biegsame Sohle haben und auf glattem Boden möglichst nicht rutschig sein. Passende oder unpassende Schuhe und Kleidung haben einen großen Einfluss auf das Wohlbefinden auch eines Kindes. Sie wirken sich auf die Qualität seiner Bewegung aus. Aus diesem Grund habe ich im zweiten Teil des Buches auch zu diesem Thema wertvolle Links gesammelt.

E. Unser menschliches Potential entfalten

Schon Babys spielen gerne in der Rückenlage barfuß mit Füßen und Händen gleichzeitig, wenn sie dafür ungestörte Zeit für ihre freie Aktivität geschenkt bekommen. Noch mehr lässt sich über unser großes menschliche Potential staunen, wenn wir Bilder von Kindern ohne Hände sehen, die mit den Füßen schreiben oder Geige spielen (Buch: Heinrich Jacoby „Jenseits von begabt und unbegabt)

Lassen wir uns von den Kindern mit ihrer Freude, sich und die Welt zu entdecken anstecken, und schenken wir ihnen so viel wie möglich Bewegungs- und Fußfreiheit!

2. DIE PIKLER®BEWEGUNGSGERÄTE – WIE WIRD DURCH DIE FREIE BEWEGUNGSENTWICKLUNG EIN AUFRECHTER GANG GEFÖRDERT?

Viele Jahre lang konnte ich in vielen Pikler®SpielRaum-Gruppen Eltern mit ihren Kindern von 0-3 Jahren begleiten. Die freie Bewegungsentwicklung war neben anderen Erziehungsfragen ein Hauptthema. Warum betone ich das Wort „frei“? Man kann auch sagen: Jedes Kind lernt laufen. Kaum ein Erwachsener weiß, wann genau er laufen lernte. Warum also sollten wir das Kind denn nicht „frei“ in seinem eigenen Tempo und seiner eigenen Neugier folgend sich entwickeln lassen? Warum wollen wir es denn beschleunigen? Warum soll es denn immer schon etwas lernen, was es gerade noch nicht kann? Wenn wir einem Baby die Bauchlage, das Sitzen, das Gehen-an-der-Hand auferlegen, dann lernt es sicherlich auch am Ende zu gehen. Doch zu welchem Preis?

Ein Körper, der immer wieder etwas üben soll, zu dem seine Muskeln noch nicht genügend ausgebildet sind, wird überfordert. Überforderung zeigt sich in der Anspannung von Muskeln, oft der Schultern und des Nackens. Sie zeigt sich in einem flachen Atem, und weniger sichtbar erzeugt sie ein Gefühl „nicht richtig zu sein“. Das Kind bekommt den Eindruck, dass es so wie es gerade ist, nicht genügt und mit ihm etwas falsch sein muss. Entweder es strengt sich umso mehr an, sich den Anforderungen des Erwachsenen anzupassen oder es gibt seine Eigeninitiative auf und wird abhängig von äußerer Förderung. Das kann demotivieren. Das Baby vertraut seinen eigenen Impulsen nicht mehr wirklich, verliert seine Freude und wird unselbständig.

Ich bin sicher, dass viele „Schulprobleme“ schon in dieser frühen Zeit ihre Wurzeln haben. Tatsächlich lernt das kleine Kind durch eine freie Bewegungsentwicklung, in der es selbst über seine nächsten „Schritte“ entscheidet, nicht nur einen aufrechten Gang, sondern auch das Lernen selbst. Es lernt mit Ausdauer an einer Entdeckung dranzubleiben, etwas zu üben und umsichtig zu sein. Denn ein Kind, das auf sich selbst achtet und sich nicht auf helfende Hände verlässt, lernt auch gut zu fallen. Es lernt sich so abzurollen, dass ein kleiner blauer Fleck meist das Schlimmste ist, was passieren kann. Durch die Flexibilität, die der Körper sich durch viele Zwischenpositionen erarbeitet, wird das Kind am Ende nicht hölzern und steif oder mit Fuß-Fehlstellungen gehen. Sein Gang wird aufrecht und selbstbewusst sein. Es wird ein gesundes Selbstwertgefühl aufbauen, weil es alles zu seiner richtigen Zeit entwickeln kann und damit im

Einklang mit sich selbst bleibt. Das fördert auch den Aufbau einer gesunden Persönlichkeit.

Dass ein aufrechter Gang auch mit einer harmonischen Persönlichkeits-entwicklung zu tun hat, kann Erwachsene umso mehr dazu ermutigen, Geduld zu üben und sich an dem zu freuen, was das Baby im Moment gerade erforscht. Wenn Eltern ihrem Kind für dieses eigene Interesse Raum und geeignete Bewegungsmaterialien zur Verfügung stellen, ist das eine gute und kindgerechte Förderung. In diesem Zusammenhang erlebe ich die Pikler®Bewegungsgeräte für eine freie Bewegungsentwicklung als sehr unterstützend und bereichernd. Bei den Bewegungsmaterial-Links im zweiten Teil des Buches sind u.a. die Hauptanbieter zu finden. Man kann für zuhause aber auch leicht mit den Grundideen improvisieren. Mit ausrangierten Polstern, Matratzenteilen, alten Schubladen und Spreißel-freien Brettern lassen sich kleine Bewegungslandschaften im Spielbereich eines Kindes auch kostengünstig selbst herrichten und improvisieren.

A. Was bewirken diese Geräte für Kinder ab dem ersten Lebensjahr?

- Sie bieten ein Entdeckungsfeld für den Forscherdrang des Kindes
- Sie entfachen die Neugier, das Interesse und die Freude der Kinder
- Sie helfen dem Kind immer größere Kompetenz im Umgang mit dem eigenen Körper und seinen Bewegungsmöglichkeiten zu entwickeln
- Sie unterstützen das Kind im Rahmen seiner natürlichen Bewegungsentwicklung

- Sie bieten Kindern, in deren Bewegungsentwicklung eingegriffen wurde oder die von selbst sehr früh gehen lernten, Anreize zur Nachentfaltung

B. Welche Pikler®Bewegungsgeräte gibt es und wie werden sie benutzt?

Es gibt die Kiste in verschiedenen Größen, ohne oder mit anbaubaren Schrägen, das

Labyrinth - auch Krabbeltunnel genannt - und das Sprossendreieck. An Einrichtungsgegenständen gibt es die Wickelkommode und das Essbänkchen, sowie das Spielgitter. Falls die Geräte nicht verrutscht werden sollen, kann man an den Ecken etwas von einem Antirutsch-Teppich unterlegen. Auch eine ganze Unterlage, wie eine Gymnastikmatte ist geeignet.

C. Das Spielgitter

Es besteht aus Einzelteilen, die man je nach Größe des Raumes beliebig durch Verbindungsteile aneinander reihen kann. An der Wand kann man sie fix verschrauben, damit das Gitter stabil steht. Gerade wenn man das Gitter für einen längeren Zeitraum als Spielbereich des Kindes einplant und es „mit dem Kind mitwächst“, ist die Stabilität sinnvoll. Denn später richten sich die Kinder auch daran auf, kommen ins Stehen, laufen sich festhaltend mit Hilfe der Gitterstäbe an diesen entlang oder wackeln an der Umrandung. Ein Spielgitter ermöglicht einen für das Baby und Kleinkind gefahrlosen und entspannten Raum zu schaffen.

Häufig ist jedoch die erste Reaktion von Eltern ein Spielgitter als Gefängnis zu empfinden. Das Gegenteil ist der Fall. Ein Baby fühlt sich darin sicher und geborgen. Es erlebt es als einen Ort, den es täglich für seine Spiel- und Bewegungsentdeckungen kennenlernt und nutzt. Wenn sich das Spielgitter an die wachsende Beweglichkeit des Babys anpasst und vergrößert wird, wird es dem Kind darin nicht langweilig. Ganz kleine fixe „Gehschulen“ sind nur für die allerersten Monate geeignet, in denen das Baby noch auf dem Rücken liegt. Wenn es beginnt, sich auf den Bauch zu drehen, zu rollen und zu kriechen, dann ist eine Mindestgröße von 2x2 m2 anzuraten.

Ein weiterer Vorteil eines Spielgitters ist, dass man bei Geschwistern beispielsweise liegende Kinder von den schon krabbelnden oder gehenden trennen kann. Auch ältere Kinder bauen gerne, ohne dass das Geschwisterchen sich immer einmischt und etwas „kaputt“ macht. Manche Eltern nutzen das Spielgitter um ihren Platz am Computer zu schützen. Auch ein Ofen, Pflanzen oder ein Bücherregal kann im Wohnzimmer abgeteilt werden, wenn dort gleichzeitig der Spielbereich Ihres Kindes ist. Ein Türgitter vor Küche, Bad oder einer Treppe kann helfen, dass ein Kind in Kontakt treten kann, doch der Erwachsene auch seinen Bedürfnissen Raum gibt, ohne z.B. beim Kochen direkt gestört zu werden.

Ganz ohne Gitter kann die gleiche Entspannung für alle Beteiligten entstehen, wenn der Spielraum, oft das Wohnzimmer, für die Kleinkind-Zeit den Erwachsenen-Charakter verliert und insgesamt kindersicher umgestaltet wird. Alles, was nicht sicher ist, verlangt unser Dabeisein und unsere Grenzen. Je früher ein Kind mobil wird, kann das für es selbst und die Eltern unnötig anstrengend werden.

D. Die Kiste

Sie stellt eine erste Stufenerfahrung für das robbende und krabbelnde Kind dar. Anfangs bewegen sich Kinder von sich aus zuerst mit dem Kopf voran von der Kiste hinunter. Das schaut manchmal abenteuerlich aus. Bald dosieren sie ihre Arm-Kraft so gut, dass sie dabei nicht auf die Nase fallen. Sie entdecken dann auch von selbst, dass sie sich herumdrehen können und

rutschen oder krabbeln mit den Beinen und Popo voran wieder von der Kiste hinunter.

Auch liegende Kinder erleben eine wichtige Erfahrung. Sie spüren den Widerstand der Kiste, wenn sie dagegen treten. Andere Gegenstände lassen sich leicht bewegen, aber die Kiste bleibt fest stehen oder lässt sich nicht oder nur sehr schwer durch Dagegentreten mit den Füßen wegschieben.

Wenn man die Kiste herumdreht, kann das Kind über ihren Rand hineinkrabbeln. Es sitzt dort gerne in dem umrandeten, kleinen Bereich und schaut sich von diesem geschützten Ort aus um, legt sich zum Ausruhen hinein oder spielt darin mit Gegenständen. Es kann Gegenstände hinein- und hinaustun. So erlebt es die Geometrie von innen und außen. Da die Kiste aus Holz ist, hören die Kinder gerne auf die Unterschiede der Geräusche, die verschiedene Materialien auf dem Holz erzeugen.

E. Die Schrägen

Es gibt anbaubare Schrägen mit verschiedenem Obermaterial, z.B. glatt lackiertes oder auch abgeschmirgeltes Holz, Teppichbespannung, eine Schräge mit Sprossen oder mit Quer-Stegen wie eine Hühnerleiter. Diese verschiedenen Oberflächen ermöglichen spannende Variationen in der sinnlichen Wahrnehmung und in der sensomotorischen Koordination. Beim Hinaufrobben beispielsweise gelingt es einem Kind auf der Teppichseite recht leicht auf die Kiste hochzukriechen, während es sich auf der glatten Seite erst lange und ausdauernd bemühen muss und sehr viel mehr Kraft in den Armen und im Rumpf einzusetzen lernt.

Die Sprossenschräge wiederum bietet die Erkundung des Wechselspiels zwischen

Sprosse und Zwischenraum zur nächsten Sprosse. Häufig krabbeln die Kinder nicht von Sprosse zu Sprosse, sondern steigen mit Fuß und Unterschenkel ganz in die Zwischenräume hinein. Dann erleben sie, mit welcher Fußstellung es leicht oder nicht so leicht geht, wieder herauszusteigen. In den Zwischenräumen versenken die Kinder auch gerne Gegenstände, die sich je nach Form und Größe auch wiederum schwer oder leicht herausnehmen lassen. Manchmal rollt ein Spielzeug in eine Ecke weg und das Kind muss sich richtig anstrengen, um z.B. einen kleinen Ball, wieder ergreifen zu können.

Von den Schrägen werden auch Gegenstände heruntergerollt oder damit auf den verschiedenen Oberflächen geklopft. Auf der glatten Schräge rutschen die Kinder auch selbst gerne herunter. Anfangs sind sie noch davon überrascht, wenn ihr Körper sich plötzlich ohne eigenes Zutun in

Bewegung setzt und erleben dadurch eine Beschleunigung ohne eigene Anstrengung. Später rutschen sie bewusst und mit Freude, nicht nur im Sitzen.

Gehende Kinder trainieren ihr Gleichgewicht beim Überqueren der Schrägen gerne auch als Kreislauf. Sie gehen dabei immer wieder hinauf und hinunter. Wie anders ist doch das Gehen in der Ebene, als das an der Schräge! Diese Entdeckungen geschehen manchmal, indem sich das Kind langsam mit den Zehen vorwärtstastet oder auch, indem es im Gegenteil schnell und mit dem ganzen Fuß aufstampft bis hin zum Laufen und Rennen. Kinder, die schon sicher gehen, beginnen auf und von der Kiste und den Schrägen zu hüpfen. Auf die Kiste und wieder hinunter kommen sie nun auch schon im Nachstellschritt. Diese Gangart wird nun auch beim Treppe-Gehen verwendet.

F. Das Labyrinth bzw. der Krabbeltunnel

Der lange Teil des Labyrinths ist ein stabiler Tunnel mit Gitterstäben als Seitenumrandung. Er vermittelt dem Kind ein Höhlengefühl, ohne ganz geschlossen zu sein. Der gleichzeitig mögliche Blick nach außen schließt das Kind nicht ein. So fühlt es sich nicht eingeengt und beängstigt. An seinem Ende können kleinere Tunnelteile angebaut werden. So kann ein Kind immer wieder neu entscheiden, ob es sich nach rechts oder nach links wendet, um wieder hinauszukrabbeln. Diese Entscheidungen tragen zur Reifung des Gehirns bei. Beide Gehirnhälften des Kindes werden in den ersten Lebensjahren erst durch die vor allem motorischen Erfahrungen mehr und mehr verbunden. Die labyrinthische Tunnel-Struktur, nämlich zwischen rechts, links, geradeaus oder rückwärts wählen zu können, ermöglicht es dem Kind flexibel zu bleiben, Gewohnheiten zu verändern und Umkehrungen mit seinem Körper zu üben.

Manchmal stoßen Kinder mit ihrem Kopf am Tunnel an und lernen diesen bewusster wahrzunehmen. Sofort steigert sich die Achtsamkeit beim Kriechen, Robben und Krabbeln und der Körper wird noch geschmeidiger. Sie ziehen sich am Tunnel außen hoch, lassen sich an den Stäben wieder hinunter oder tasten sich außen am Labyrinth gehend entlang. Manche Tunnel haben eine Öffnung, die man auch nach oben hin positionieren kann. Sie richten sich dann dort innen gerne auf, schauen aus dem Loch heraus und verstecken sich wieder darin.

Im dritten Lebensjahr steigen Kinder von außen in eine Öffnung hinein und heraus, klettern auf die Oberseite des Labyrinths, setzen sich dort hin, krabbeln oben oder richten sich dort sogar ins freihändige Stehen auf. Ob das ein Gefühl erzeugt, wie wenn man einen Gipfel erklommen hat? Da gilt es aufmerksam zu beobachten, wie gut ein Kind dabei auf sich achtet. Wenn man keinen Krabbeltunnel hat, nutzen Kinder häufig ein Wohnzimmer-Sofa, um auf dieser Höhe ihre Kompetenz zu steigern. Auch da ist abzuwägen, was man erlauben kann und was nicht. Eine Yogamatte oder ein Teppich direkt beim Labyrinth oder Sofa kann dabei so manchen kleinen Sturz doch etwas abmildern. Kinder, die eine freie Bewegungsentwicklung genossen haben, haben bis hierher auf niedrigeren Höhen, wie der Kiste, ja auch schon das Fallen gelernt. Sie wissen, wie man sich gut abrollt und spüren, was sie sich zutrauen können. So probieren sie nun auch verschiedene Möglichkeiten des Hinunterkletterns vom Tunnel aus. Zuerst in dem sie in der Bauchlage mit den Füssen voran hinunterrutschen, später indem sie sich sitzend heruntergleiten lassen. Sie schieben auch gerne die kleineren Anbauteile des Labyrinths, die recht schwer sind, vor sich her.

Die Bewegungserfahrungen sind oft auch mit Spielerfahrungen mit Gegenständen gekoppelt. Die Kinder lassen gerne Gegenstände durch das Labyrinth hindurchrollen, schieben etwas vor sich her oder lassen etwas von oben in die Öffnung fallen. Oft entsteht durch das Labyrinth das erste gemeinsame „Kuckuck-Spiel". Kinder schauen sich oder den Erwachsenen von verschiedenen Seiten aus an und lachen miteinander. Auch das erste „Versteck-Spiel" wird möglich, wenn sie sich hinter einer Tunnel-Wand oder im Labyrinth verstecken und wieder hervorkommen.

G. Das Sprossendreieck

Es gibt fest stehende „Kletter-Dreiecke“, wie im Bild hier zu sehen ist. Die Pikler ®Geräte-Anbieter haben auch ein klappbares Modell, das man leicht wegräumen kann, ohne dass es viel Platz einnimmt. In eine Sprosse des Sprossendreiecks kann leicht ein Brett als

Rutsche eingehängt werden. Was tun die Kinder mit dem Sprossendreieck?

Das Innere des Sprossendreiecks wird wie das Labyrinth auch zum Durchkrabbeln benutzt. Robbende Kinder ziehen ihren Rumpf etwas an der Sprosse hoch und üben dabei Muskeln und Kraft ihrer Arme. Später ziehen sie sich an den Sprossen ins Stehen hoch und machen tastende Schritte. Viele Kinder beginnen noch bevor sie frei gehen können damit, ein bis drei Sprossen hinauf- und hinunterzuklettern. Sie probieren lange nur an einer Seite des Sprossendreiecks verschiedene Stellungen, Haltungen und Be- oder Entlastungen aus. Dabei kommen sie auch gerne in einem Sprossenzwischenraum ins Sitzen. Dabei lassen sie ihre Beine in den Innenraum hängen, schaukeln mit den Beinen und variieren dabei ihre Armstellung, so dass der Oberkörper entweder ganz nah ans Gerät herankommt oder bei langen Armen weit von ihm weghängt. Sie erforschen ihr Gleichgewicht, indem sie sich zwischendurch ganz mit den Händen loslassen oder sich herumdrehen und mit dem Rücken zum Gerät ins Stehen kommen. Es ist auch immer wieder spannend, wie sich das Klettern verändert, wenn das Kind beispielsweise gleichzeitig einen Ball mit einem Arm festhält und diesen beim Klettern mitnimmt.

Irgendwann beginnen die Kinder über die oberste Sprosse hinüberzuklettern und an der anderen Seite wieder hinunter. Auch dabei gibt es unendlich viele Variationen von Hand- und Fußstellungen und Möglichkeiten umzugreifen. Mit Tüchern als Höhle gestaltet, fungiert es als Tunnel oder als Ort für Rückzug oder Rollenspiel. Ältere Kinder nutzen das Sprossendreieck als Pferd oder Häuschen.

Mit diesem Gerät lassen sich viele Spielerfahrungen noch bis ins Schulalter hinein verbinden.

H. Empfehlenswerte Möbel – Wickeltisch und Alternative zum Hochstuhl

Die Pikler-Wickelkommode ist so gebaut, dass sie dem Bewegungsdrang des Kindes auch bei der Pflege Raum gibt. Sie ist so breit, dass sich das Kind selbst herumdrehen kann und später, wenn es sich schon aufrichtet, am seitlichen Gitter stehend festhalten kann.

Das Essbänkchen ermöglicht ein eigenständiges Hineinsetzen und Wieder-Herausgehen des Kindes. Es ist ganz auf die Maße des Kleinkindes ausgerichtet. Das Kind sitzt darin aufrecht, was die gerade Rückenlehne unterstützt. Tisch und

Sitzbank können durch die Bodenverbindung nicht auseinander rutschen, wie das sonst mit Hockern oft geschieht. Das Kind isst und trinkt darin und benutzt es in der Familie auch gerne zum Spielen oder Malen. Das Essbänkchen ist eine hilfreiche Zwischenstufe für das am Schoß gefütterte Kind.

Wenn es selbständig im Essbänkchen sitzt, braucht es anfangs weiterhin individuelle Begleitung durch einen Erwachsenen, der sich ihm gegenüber auf einen Hocker setzen kann. Wenn das Kind später schon selbständig mit seinem Trinkglas und einem Löffel umgehen kann, ist die gemeinsame Zeit beim Essen am Familientisch dann umso entspannter.

I. Hilfreiche Regeln – Wann wird der Erwachsene gebraucht?

Ich empfehle, dass die Kinder im freien Spiel möglichst häufig barfuß sind. Sie können dadurch bewusster und vielseitiger mit ihren Sinneswahrnehmungen und Bewegungsimpulsen experimentieren und sind dadurch achtsamer in ihrer Körperwahrnehmung. Auf manchen Geräten besteht mit Socken außerdem Rutschgefahr.

Die Kinder gehen selbstbestimmt ihren Aktivitäten und Interessen nach, probieren selbständig das, was sie sich zutrauen, mit soviel Zeit, wie sie brauchen und geben dabei auf sich selbst acht, während der Erwachsene aufmerksam zuschaut. Wenn der Erwachsene sicher ist, dass ein Gerät ein Kind nicht überfordert und gefährlich ist, kann er den Spielbereich des Kindes auch verlassen und von weiter weg in Bereitschaft bleiben, falls er gebraucht wird.

Der Erwachsene fordert die Kinder nicht zu etwas Bestimmtem auf und lobt sie nicht mit „Bravo“ und „Toll“ für ihre Leistungen. Das kann Kinder nämlich anspornen etwas zu wiederholen, wofür ihnen aber eigentlich gerade die Kraft fehlt. In solchen Momenten geschehen manchmal Unfälle. Kinder wollen es dem Erwachsenen recht machen, wollen sich „beliebt“ machen, doch überfordern sich dabei. Kinder, die ihr Selbstbewusstsein an äußerem Lob festmachen, fordern häufig immer mehr Aufmerksamkeit. Sie wollen dann immer wieder gelobt werden. Eigentlich jedoch wollen sie wirklich gesehen werden, so wie sie gerade sind, ohne etwas Bestimmtes zu leisten. Mit dem was sie gerade interessiert und was sie gerade tun. Um auf diese Weise den Aufbau eines gesunden Selbstwert-Gefühls von Kindern zu unterstützen, muss der Erwachsene sich nicht den Mund verbieten. Er kann aber seine Mitfreude an den Entwicklungsschritten des Kindes auch anders als durch Lob ausdrücken. Stattdessen spricht er mit dem Kind, wenn es von sich aus Blickkontakt sucht und freut sich dann mit ihm gemeinsam.

Worte die das konkrete Tun des Kindes beschreiben, geben dem Kind das Gefühl wichtig und ernst genommen zu sein. Wenn unsere Worte jedoch zu früh ohne vorherige Verbindung zum Kind kommen, stören wir es eigentlich in seiner Aktion und irritieren es. Manche Kinder hören dann mit ihrem Spiel auf und kommen zum Erwachsenen als müssten sie herausfinden, was er gerade genau meinte. Oder sie unterbrechen ihr Spiel und schauen den Erwachsenen fragend an. In solch einem Moment habe ich oft erlebt, dass z.B. auch ein „Pass auf!“ genau das Stolpern eines Kindes bewirkte, das eigentlich verhindert werden sollte. Denn das Kind schaute in diesem Moment der Ansprache nicht mehr auf das was vor ihm war, sondern auf den Erwachsenen, der es warnen wollte. Dadurch stolperte es dann über den Gegenstand, der ihm im Weg lag. Wenn der Erwachsene dem Kind daraufhin vermittelt: „Ich habe es doch gewusst, du Tollpatsch!“, dann prägt sich mit der Zeit beim Kind das Gefühl ein irgendwie „unfähig“ zu sein. Dies ist die Kehrseite des übertriebenen Lobes. Auch der Tadel erzeugt mit der Zeit ein mangelndes Selbstwert-Gefühl beim Kind.

Konkrete Beschreibungen am konkreten Tun des Kindes orientiert können sein: „Ich habe gesehen, wie du eben rüber geklettert bist“, oder: „Jetzt hast du dich sehr angestrengt und jetzt bist du oben auf der Kiste“, oder: „Das sah sehr wackelig aus. Hast du einen Schreck bekommen?“ In schwierigen Situationen reichen wir nicht unsere helfende Hand, sondern bieten die

Geräte selbst zum Festhalten an. „Hier an der Stange kannst du dich festhalten“, oder „Hier geht es auch wieder hinunter.“ Kinder, die sich selbst nicht gut einschätzen können und noch wenig eigenständige Bewegungserfahrungen haben, können in seltenen Fällen richtig Angst auf einem Gerät bekommen.

In diesem Notfall nehmen wir das Kind auf unseren Arm, warten, bis es sich beruhigt und beschreiben ihm, was geschehen ist. Gefühle auszudrücken ist gesund. Wenn wir ein weinendes Kind nicht ablenken, können wir sein Weinen ganz schlicht durch unser Da-Sein begleiten. Anschließend macht sich das Kind oft gleich im Anschluss wieder daran, das gleiche Abenteuer, das es gerade herausgefordert hatte, zu wiederholen.

Es ist hilfreich, wenn Eltern oder Betreuungspersonen darauf achten, dass die Bereitstellung der Pikler® Bewegungsgeräte im Einklang mit dem Entwicklungstand der Kinder geschieht. So fühlen sie sich weder unter- oder überfordert. In einer Gruppensituation kann das bedeuten, dass man ein Gerät wegen einem Kind, das sich oder andere damit häufig in eine zu große Unsicherheit bringt, wieder wegräumen muss. Damit verhindert man auch, dass solch ein Kind von unserer ständigen Einmischung abhängig wird.

J. Die Auswirkung der Pikler®Bewegungsgeräte

Kinder, die in ihrem häuslichen Umfeld, also in ihrem ganz normalen Alltag Möglichkeiten zur großmotorischen Betätigung vorfinden, sind ausgeglichen und zufrieden. Sie können sich durch den Wechsel zwischen großer Bewegung und feinmotorischem Spiel gut vertiefen. Die Qualität ihrer Aufmerksamkeit wechselt durch die freie Aktivität ganz automatisch zwischen Vertiefung auf etwas Neues, dem Üben und Wiederholen von schon Bekanntem und dem Ausruhen. So regulieren Kinder sich von selbst. Ihre Stimmung ist aktiv. Sie zeigen klar, wenn eine kleine eigenständige Pause im Spielbereich nicht mehr reicht, wenn sie beispielsweise durch ihre Aktivitäten wirklich müde geworden sind oder ein anderes Bedürfnis ansteht. Es kann aber auch vorkommen, dass Kinder von alleine auf einer Matratze oder in einem größeren gepolsterten Korb im Spiel- und Bewegungsbereich einschlafen.

K. Zitat einer SpielRaum-Mutter

SpielRaum-Erfahrung war für mich und vor allem für meinen Sohn Erfahrung mit den Bewegungselementen nach Emmi Pikler. Zu Beginn war Laurenz 8 Monate alt, als er mit

Begeisterung die Kiste zu erklimmen suchte, die ihm anfangs wohl wie ein kleiner Mount-Everest vorkommen musste, aber bald schon kein Problem mehr für ihn darstellte. Er konnte auch früher über das Sprossendreieck klettern, als frei gehen. Als nächstes war das Aufräumen der große Hit. Mit welchem Ernst und Eifer die kleinen Leute diese doch großen und schweren Teile zielstrebig zur Tür schieben, ist wirklich sehenswert. Diese Erfahrung wird natürlich verwertet, so dass auch während der Spielzeit durch das Verschieben einzelner Elemente ganz eigene Kompositionen z.B. am Labyrinth entstehen, oder zu Hause aus den Küchensesseln auch ein Labyrinth wird. Die Vielfältigkeit der Bewegungselemente und die Kreativität mit der die Kinder sie handhaben, war für mich eine der spannendsten und schönsten SpielRaum-Erfahrungen.

TEIL 2: ANREGENDE MATERIALTIPPS, GESCHENKIDEEN UND INFOS – EMPFEHLENSWERTE WEBSEITEN UND BESTELLADRESSEN FÜR DIE ZEIT AB DER GEBURT

1. BEWEGUNGSMATERIALIEN

Die folgenden zwei Bezugsquellen in Österreich und in Deutschland möchte ich besonders hervorheben. Martin Plackner und die Basisgemeinde Wulfshagenerhütten sind seit Ende der 90ger Jahre im Dialog mit dem Pikler-Institut in Budapest und den Pikler-Vereinen. Die Konstruktion der Bewegungsmaterialien wurde immer wieder verbessert und neue Entwicklungen besprochen. Die Maße, Herstellung und Verkauf der Pikler®Bewegungsgeräte sind bei diesen beiden Anbietern ganz im

Einvernehmen mit dem Pikler-Institut und ein Teil der Einnahmen geht als Spende zurück nach Budapest.

Spielzeugmacher Martin Plakner

www.spielzeugmacher.at

Basisgemeinde Wulfshagenerhütten

www.holzspielgeraete.basisgemeinde.de

Kletterbogen

www.kinderkletterbogen.de

Sprossendreieck, Schrägen, Hühnerleiter, Sprossenwand, sowie Sitzsäcke und Fatboy finden sich mit den genannten Suchbegriffen auch bei Amazon.

www.amazon.de

Kinderschubkarren aus Holz für drinnen, sowie andere Materialien

www.in-kehna.de

(Zu finden im Onlineshop der Webseite unter dem Begriff „Schreinerei“)

2. UNTERLAGEN

Gymnasitkmatte, Tatami-Matte finden sich mit den genannten Suchbegriffen auch bei Amazon.

www.amazon.de

3. SPIELMATERIALIEN

Empfehlenswerter Artikel über eine Spielmaterial-Tasche für das erste und zweite Lebensjahr der Erzdiözese Köln in Zusammenarbeit mit der

Basisgemeinde Wulfshagenerhütten für Eltern-Kind-Gruppen, wie auch als Anregung für zuhause als PDF zum download. (Im Suchfeld oben rechts den Suchbegriff: „Spieltasche“ eingeben)

www.erzbistum-koeln.de

Flechtball / Piklerball

www.felchtball.de

Bylima

Offene Spielmaterialien

www.bylima.de

Kokomoo

www.kokomoo.at

Eine Mutter schreibt: „Hier gibt es Materialien wie Greiflinge, Taschen, Körbe, Puppen, Autos und Kleinkindgerechte Trinkgläser, die gut zu greifen und stabil sind."

Dawanda

Kuscheltier-Unikate (unter dem Suchbegriff: „Babyspielzeug") www.dawanda.com

Den **Greifling-Magica** aus bunten Kugeln kann man immer wieder neu formen. Dabei bleibt immer ein Loch in der Mitte, wodurch ihn Babys gut greifen können. Es gibt ihn bei **HABA** unter dem Suchbegriff „Greifling Magica“.

www.haba.de

8-Natur

www.8-natur.de

Hier gibt es große bis ganz kleine **Filzbälle**. Zitat einer Mutter: „Ich habe sie über den online Shop der Firma bezogen. Ich habe sie jetzt schon seit einigen Jahren in Gebrauch und sie sind nach wie vor gut in der Form und in der Farbe.“

Spielsachen aus Holz

www.grimms.eu

Livipur

Spielzeug, Kleidung

www.livipur.de

Otto und manchmal bei **Alnatura**

Unter dem Suchbegriff: „Nostalgie-Wäscheklammern“ aus Holz über: www.otto.de

Spielzeugfahrzeuge Gowi Toys

www.gowi.at

Eine Mutter schreibt: „Super robuste Gebrauchsfahrzeuge mit Flüsterrädern, bestechend durch ihre Einfachheit. Sie sind auch gut für draußen geeignet.“

Holztiere

www.buntspechte.de

Eine Mutter schreibt: „Ich finde diese Tiere die Schönsten und besonders robust, aber leider auch recht teuer."

Im **Installationshandel** gibt es Abflussrohr-Sets oder andere Rohre mit Schraubverschlüssen zum ineinander stecken. Ein preiswertes und wunderbares Konstruktionsmaterial für Kinder ab etwa 2 Jahren.

Ikea Haushaltsabteilung

Messbecher, Küchenrollenhalter, Holzlöffel (eventuell verkürzen, und das Ende abschleifen)

Eine-Welt-Läden

Eine Mutter schreibt: „Die gibt es in jeder Stadt. Ich kaufe dort gerne Körbe, Taschen, Häkelbälle und Holzschalen zum Spielen für mein Kind.“

Baumarkt

Gardinenholzringe, Schläuche zum ineinanderstecken

Bastelmarkt

Holzkugeln und Holzquadrate mit Löchern.

Eine Mutter schreibt: „Du kannst sie auf eine Lederschnur auffädeln und diese dann zusammen binden oder einfach so hinlegen. Auf einem Eierteller aus Metall lassen sich beispielsweise die Holzkugeln toll sortieren.“

1-Euro-Läden und TEDI

Bei Haushalt: Kleine Metallschüsseln, Körbe aus Bast, Holzgardinenringe

Augen auf bei **Sperrmüll und Flohmärkten**

SAND

Das Schönste für Kinder ist Sand

Von ihm gibt's immer reichlich

Er rinnt so unvergleichlich

Und zärtlich durch die Hand.

Joachim Ringelnatz

4. KREATIVES MATERIAL

Wenn Kinder zum Sand und natürlich auch zum Wasser in einer Wanne oder in einem **„Sand- bzw. Wasser-Tisch“** viele Gerätschaften, wie Schöpflöffel, Trichter, verschiedenste Behälter u.v.m. bekommen, können sie damit „stundenlang“ frei spielen.

Für Kinder ab etwa 3 Jahren, die nichts mehr in den Mund stecken, gibt es auch **Modelliersand**, auch also Magic Sand oder Zaubersand bezeichnet, für drinnen. Diesen kann man in einer kleinen Kiste anbieten. So können darin auch Spiellandschaften mit Figuren entstehen. Anbieter sind z.B. Amazon unter dem Suchbegriff: „Creall-Modellier-Sand-Eimer“ und die Firma Boesner unter dem Suchbegriff: „kinetic-sand“.

www.boesner.com

Etwas Ähnliches zum richtigen Kneten kann man auch mit Mehl selber machen. Hier ist ein Rezept für eine Knetmasse, genannt:

Salzteig

- 1 1/2 Tassen Mehl
- 1/2 Tasse Speisestärke
- 1 Tasse Salz
- 1/2 - 1 Tasse Wasser
- 1-3 EL Öl

Die Speisestärke hält den Teig besser zusammen, macht ihn samtiger und verhindert beim eventuellen Backen die Bildung von Rissen. Das Öl macht den Teil geschmeidiger, glatter und weicher. Wenn der Salzteig nach dem Knet-Spiel in luftdichten Dosen aufbewahrt wird, hält er sich länger. Man kann ihn auch färben. Dafür geeignete Lebensmittelfarben sind auch in Bioläden erhältlich. Man bedenke, dass kleine Kinder die Masse mit Sicherheit auch einmal oral „kosten“ werden, selbst wenn sie in die Regel, dies nicht zu tun, hineinwachsen.

Zum Kneten und Basteln schreibt eine Mutter:

„Inzwischen bin ich gern kreativ mit meinen Kindern im Kindergartenalter und kaufe seither gerne bei **Wehrfritz**. www.wehrfritz.com

„Von fertigen Baselsets (Rubrik Sachenmacher auf der Internetseite) bis hin zu Blankomaterialien in Hülle und Fülle kann man hier alles bekommen. Mir gefällt, dass die Artikel auf Kinder ausgelegt sind, anders als bei herkömmlichen Bastelmaterial-Anbietern. Meine Kinder kneten gern. Dazu konnte ich verschiedene Werkzeuge kaufen, wie Rollen, Modelliermesser etc. Den Katalog kann man auch schmökern um Ideen zu bekommen.“

Wolle, Märchenwolle, Wollschäfchen

www.finkhof.de

(Unter dem Suchbegriff: Gestalten mit Wolle)

5. KLEIDUNG

AUS ALT MACH NEU: **Frottee-Strumpfhosen**

Eine Mutter schreibt: „Wenn sie als Strumpfhose zu klein werden oder Löcher bei den Zehen bekommen, können sie zerschnitten und noch lange weiter verwendet werden. Sie eignen sich gut als Überziehstulpen und als Knie- und Hosenschoner. Die zerschnittenen Stückchen können bei Krabbelkindern gut über die Hose angezogen werden. Ohne Füßchen sind sie wie Leggins oder eignen sich als Unterziehhose."

Babauba

Die Kollektion lässt sich hier ansehen und bestellen:

www.babauba.de

Kreativstüble

Kinderkleidung und Stoffe

www.kreativstueble-fibe.de

Lotties Naturkleidung

Bequeme Kinderbekleidung und
Schlafsäcke für Babys und Kleinkinder

www.lotties.de

Hans-Natur

Eine Mutter schreibt: „Wolle-Seide-Sachen, oder auch nur Wolle, sind unglaublich weich und kuschelig. Das erreicht keine noch so feine Baumwolle. Ich hatte für meine Kinder z.B. Wollhosen, mit denen sie auch im Garten rumgerobbt sind. Die Dreck-Widerstandsfähigkeit glaubt man erst, wenn man sie erlebt hat. Genauso die Eigenschaft, die Körpertemperatur auszugleichen. Mit einigen wenigen Artikeln aus jedem Bereich kann man kistenweise herkömmliche Kleidung ersetzen.“

www.hans-natur.de

Waschbär

Umweltversand (Für Kinder unter der Rubrik „Minibär“)

www.waschbaer.de

Aßmus

Baby und Kinderkleidung im Hauptkatalog unter der Rubrik „Kinder“.

www.assmus-shop.de

6. ERSTE SCHUHE

Schühchen mit Lappa-Gummisohle

Eine Mutter schreibt: „Diese weichen Lederschühchen sind schon für krabbelnde Kinder geeignet. Da sie einen Einsatz an der Sohle aus Gummi haben, rutschen schon gehende Kinder nicht so leicht damit aus.“

www.lappa.de

Lauflernschuhe Anna und Paul

Eine Mutter schreibt: „In Portugal handgefertigte Lauflernschuhe bis Größe 24.“

www.annaundpaul.de

Froddo

Eine Mutter schreibt: „Das sind Lauflernschuhe mit ganz weicher, flexibler Sohle und weichem Leder. Die Froddo-Schuhe sind auch zu kaufen bei Tausendkind, Amazon und Ebay."

www.froddo.com

Überzieh-Füßlinge

Für Kinder, die Bauchkriechen, krabbeln oder gerade gehen lernen sind diese Füßlinge für draußen, gerade bei feuchtem Wetter oder im Sand ein Segen. Eine Mutter schreibt: „Die Füßlinge finde ich super für alle Kinder, die noch keine Schuhe tragen. Unter den Füßlingen tragen sie Söckchen oder weiche Lederschühchen für draußen. So kannst du dein Kind guten Gewissens auch im Herbst auf nassem Boden rumkrabbeln lassen."

Zu finden sind sie bei Amazon unter dem Suchbegriff: „Playshoes“ oder „Regenfüßlinge“.

www.amazon.de

Barfuss-Schuhe

Dafür gibt es mehrere Anbieter, wie:

www.barfussschuhe-entdecken.de

www.barfusslaufen.com

www.leguano.eu

www.vivobarefoot.de

www.wildling.shoes

7. WICKELN

Informationsseite Naturwindeln

Eine Mutter schreibt:

„Diese Internetseite hat mir sehr geholfen, als ich mich neutral über Stoffwindeln informieren wollte. Alle die natürlich wickeln wollen und noch kein Produkt vor Augen haben, werden hier auf wertvolle Tipps und eine tolle Übersicht über die verschiedenen Möglichkeiten stoßen!"

www.naturwindeln.de

Moltontücher, Waschlappen, kleine Tücher

Eine Mutter schreibt: „Da ich keine üblichen Feuchttücher beim Wickeln verwende, richte ich vor jedem Wickeln gut waschbare Baumwolltücher mit warmem

Wasser her. Das ist zwar etwas aufwendiger, aber meinem Kind ist das angenehm.“

www.stillen-huellen-pflegen.de

8. GESUNDHEIT

Bioprotect

Eine Mutter schreibt: „Hier gibt es gute und bezahlbare Entstörkarten gegen Elektrosmog und Handyantennen, Computer etc.“

www.bioprotect.de

Ergomaxx Shop

Eine Mutter schreibt: „Hier kaufe ich immer ein Lebertran-Butteröl-Gemisch nach Dr.Weston Price für mich und meine Tochter. Es fördert einen gesunden Aufbau und Erhalt von Zähnen und entspannt mich beim Thema Zähne putzen.“

www.ergomaxshop.de

9. GESCHIRR

Zum Essen und Trinken empfehle ich kein Plastikgeschirr zu benutzen. Mit Geschirr aus dickem Glas oder Porzellan erlebt das Kind von Anfang an einen achtsamen Umgang damit und ahmt diesen nach. Es eignen sich Gläser, die nach unten hin schmaler werden und eventuell auch gerillt sind. So erleichtern sie einer Baby-Hand selbst gut zugreifen zu können. Solange das Kind ein Glas noch nicht sicher mit beiden Händen halten kann, unterstützt der Erwachsene es, indem er das Glas parallel weiter oben hält oder die eigene Hand zur Unterstützung unter dem Glasboden mitbewegt.

Pikler-Gläser

Diese nach unten hin schmaler werdenden und gerillten Gläser lassen sich sogar von Babys schon gut greifen. Sie finden sich bei Amazon unter dem Suchbegriff: „Duralex-Picardie-Schnapsglas".

www.amazon.de

Meine Empfehlung: „Ein Baby kann man aus einem „Pikler-Gläschen" auch seinen etwas flüssigeren Brei trinken lassen, wenn ihm das Essen mit dem Löffel anfangs noch schwer fällt. Aber auch zum Löffeln kann man den Brei in dieses robuste Glas füllen. Wenn das Kind jedoch selbst beginnt, den Umgang mit einem Löffel zu lernen, dann kann die Form einer guten Breischale diesen Lernprozess erleichtern. Die Schale sollte einen fast 90 Grad gebogenen Rand haben. Dieser bewirkt, dass der Inhalt leichter auf dem Löffel bleibt, wenn der Löffel am Rand hoch zum Mund des Kindes geführt wird oder es dies selbst tut."

Essschälchen und Schüsseln

www.toepfereiwirth.de

Und:

www.toepferei-bernhart.de

Meine Empfehlung: „Zu diesem regionalen Anbieter in Baden-Württemberg gibt es ein informatives PDF unter dem google-Suchbegriff: „Essschälchen“. Der Link lautet dann:

„PDF Flyer Reutlinger Essschälchen – Stadt Reutlingen“

10. REGIONALES UND SONSTIGES

Hans-Peter`s Holzwerkstatt
in Bermatingen am Bodensee.

Eine Mutter schreibt: „Ich kaufe da schon seit 16 Jahren ein und er hat immer noch die Klassiker die wir damals schon kauften und die ich immer noch super schön finde. Beispielsweise das Holzmotorrad, den Nachziehhase, das Rutschevierrad, den Fagus Kran-Kipplaster (mit Schneepflug und Straßenreinigungswalze) Förderband, Steckenpferd und Holzküche.“ Die Webseite lautet: www.kunemann.de

Nachhaltiges für Bürobedarf

www.memo.de

11. NETZWERKE FÜR ELTERN

UND MEHR INFORMATIONEN ZU:

Pikler®SpielRaum

www.pikler-spielraum.de

www.spielraum-ag.at

Pikler®Pädagogik

www.piklerinternational.com

Europa:

www.pikler-verband.org

www.pikler-hengstenberg.at

www.pikler.ch

www.pikler.de

www.we-ev.de

USA:

Educaring

www.rie.org

Familylab

Netzwerk von Jesper Juul, Buchautor und Familienberater

www.family-lab.com

Deutschsprachiger Raum:

www.familylab.at

www.familylab.de

www.familylab.ch

Original Play von Fred O´Donaldson

www.originalplay.at

www.originalplay.de

Malraum von Arno Stern

www.arnostern.com

GLOSSAR

Freies Spiel:

Eigenmotiviertes Spiel eines Kindes, das sich aus seiner Neugier und im eigenen Tempo mit sich und Gegenständen unabhängig vom Erwachsenen beschäftigt.

Freie Bewegungsentwicklung:

Selbstbestimmte Bewegungsentwicklung, in der das Baby in der Rückenlage beginnt. Von dort aus entdeckt und übt es alle neuen Positionen im eigenen Tempo von sich aus. Es wird dabei in keine Position von außen gebracht, die es sich nicht schon selbst erarbeitet hat. So lernt es auch das Sitzen und Gehen ohne äußere Hilfe ganz von sich aus.

Offene, die Phantasie freilassende Spielmaterialien:

Einfache Alltagsgegenstände, z.B. aus dem Haushalt, die vielfältigste Beschäftigungen und kreative Kombinationen im freien Spiel eines Kindes ermöglichen. Sie sind offen, weil ihr Zweck im Spiel nicht von den Erwachsenen, sondern von den Kindern selbst bestimmt wird.

Symbolspiel:

Ein Kind benutzt beispielsweise einen Holzbaustein symbolisch als Telefon, indem es ihn kurz an sein Ohr hält. Es reagiert damit spielerisch auf seine Alltagserlebnisse ohne noch daraus ein längeres Spiel zu machen.

Rollenspiel:

Ein Kind beginnt anfangs für kurze Zeit in

eine Rolle zu schlüpfen. Es spielt beispielsweise Mutter oder Vater und legt eine Puppe schlafen. Es nimmt sich eine Tasche, winkt und geht im Spiel einkaufen. Es rührt in einer Schüssel und gibt der Puppe mit dem Löffel symbolisch etwas zu essen. Mit der Zeit werden diese Spiele länger und das Kind bezieht auch andere Kinder in sein Spiel mit ein. Das Rollenspiel mit Rollenbesprechungen und Rollentausch wird erst im Alter über 3 Jahren interessant.

Sensible Phase:

Ein Begriff den die Kinderärztin Maria Montessori prägte. Er beschreibt die Zeitphase, in der ein Kind für ein bestimmtes Spiel- und Lernthema besonders offen ist. In diesen Phasen können diese Themen sehr leicht aufgenommen und im Körper integriert werden.

Spielbogen:

An einem Bogen befestigtes herunterhängendes Spielzeug, mit dem ein Baby nichts anderes tun kann, als dagegen zu schlagen, so dass es sich bewegt. Da der Effekt nicht zu bremsen ist, wird das Baby überstimuliert und angespannt.

Magisches Spielzeug:

Spielzeug, das Kinder mit nicht nachvollziehbaren Geräuschen und Effekten lockt, jedoch kein weiterführendes und kreatives Spiel möglich macht.

Activity-Center: Kombinierter Spielzeug-block an einem Stück, den man nicht auseinander nehmen und variieren kann.

Didaktisches Spielzeug:

Materialien, wie im Activity-Center, die nur eine bestimmte Handlung zulassen oder nur einem Zweck dienen sollen, eine bestimmte Eigenschaft zu erlernen, wie Größenverhältnisse, Farbe oder Form.

Mobile:

An der Decke hängendes, sich bewegendes Objekt. Wenn es über dem Bett hängt, lenkt es das Baby von seiner Ruhezeit oder von der Entdeckung seiner Hände ab. Wenn es über dem Wickeltisch hängt, lenkt es von dem ab, was mit dem Kind beim Wickeln geschieht.

Integrität:

Jeder Mensch trägt zwei elementare soziale Grundbedürfnisse in sich. Einerseits will er autonom und selbstbestimmt handeln und das tun, was ihm gerade das Wichtigste ist. Andererseits will er für andere Menschen wertvoll sein. Dafür muss er sich auch für die Bedürfnisse der Anderen interessieren,

Rücksicht nehmen, Kompromisse finden und sich anpassen. Ein Mensch, der in diesem Prozess weder dem einen noch dem anderen Extrem verfällt, ist integer. Er ist mit sich selbst verbunden.

Konflikte:

Sie gehören zum Leben und ermöglichen sich selbst und den Anderen mit seinen Bedürfnissen, Stärken und Schwächen immer besser kennenzulernen. Zwei unterschiedliche Interessen kommen zusammen und wollen ernst genommen werden. Für jeden Konflikt gibt es nicht nur eine Lösung. Für den sozialen Reifeprozess ist es schon für Kleinkinder fördernd, wenn sie in ihrer Lösungsfindung zwar begleitet, aber nicht dominiert werden. Damit sind Konflikte auch eine Einladung für unerwartete Reaktionen und Lösungen kreativ und offen zu sein. Spieleinladungen, wie das „Bitte-Danke-Spiel" zeigen, dass es kleinen Kindern nicht darum geht, anderen etwas wegzunehmen. Stattdessen nehmen sie sich gerne genau die Gegenstände, die ein anderes Kind bewegt und damit ggf. Geräusche erzeugt. Das macht einen Gegenstand umso interessanter. Außerdem lernen sie durch das „Wegnehmen“ die Reaktionen und Gefühle von anderen Menschen kennen. Genau dadurch lernen sie sich einzufühlen und somit die wertvolle Eigenschaft der Emphatie.

Pikler®pädagogik:

Das Kind als Person und Individuum ernst zu nehmen und dementsprechend achtsam zu behandeln ist Grundlage der Pikler®pädagogik und eine Voraussetzung für eine gesunde Persönlichkeitsentwicklung. Einerseits wird dem Kind mit ungeteilter Aufmerksamkeit und mit Ruhe in allen Situationen der Pflege begegnet und gleichzeitig wird jedem Kind Raum gegeben, sich in seinem Spiel und seiner Bewegungsentwicklung aus eigener Initiative zu entfalten. Diese Haltung zum Kind basiert auf den Forschungen der Kinderärztin Emmi Pikler und ihrer Nachfolgerinnen. Sie übernahm 1946 die Leitung des Pikler-Instituts in Budapest, das lange ein Säuglingsheim war und heutzutage eine mehrgruppige Krippe beherbergt. An diesem Ort werden seither gute Bedingungen für die Entwicklung von Kleinkindern erforscht, dokumentiert und gelehrt. Seit einigen Jahren gibt es eine diplomierte Ausbildung zur Pikler®pädagogin im deutschsprachigen Raum.

Pikler®SpielRaum:

Hier werden Eltern mit ihrem Kind vom ersten bis ins dritte Lebensjahr in wöchentlichen Treffen pädagogisch begleitet. Diese besondere Art einer Eltern-Kind-

Gruppe lädt die Kinder mit vielen Spiel- und Bewegungsmaterialien ein, sich selbständig zu beschäftigen. Gleichzeitig werden Eltern in ihren Erziehungsfragen begleitet und bekommen Unterstützung und Rat. Magda Gerber brachte die Erkenntnisse von Emmi Pikler nach Amerika, wo sich daraufhin **RIE-Gruppen** gründeten. Auch diese dienen der Erziehungsbegleitung für Eltern und haben sich inzwischen in vielen Bundesländern der USA verbreitet.

Pikler®Bewegungsgeräte:

Die Materialien, wie Kiste, Labyrinth und Sprossendreieck u.a. wurden im Pikler-Institut auf die Bedürfnisse von Babys und Kleinkindern in ihren Maßen und Möglichkeiten entwickelt und abgestimmt. Die Spielzeugmacher Martin Plackner aus Österreich und die Basisgemeinde Wulfshagenerhütten aus Deutschland arbeiten weiterhin an der Weiterentwicklung der Geräte. Als anerkannte Pikler®Geräte-Anbieter fließt ein Teil des Verkaufserlöses als Spende ins Pikler-Institut zurück.

Das Malspiel von Arno Stern:

Arno Stern wurde 1924 geboren und ist ein Pionier die „natürliche Spur“ und „Formulation“ im Malprozess eines Menschen zu erforschen. Um ein Malen frei von äußerer Beurteilung zu ermöglichen, schaffte er den „Malort“, der nach ganz eigenen Gesetzmäßigkeiten abläuft. Hier malen Kinder wie Erwachsene aus einem inneren Bedürfnis heraus, ohne ein zielgerichtetes Werk zu erzeugen.

Original Play von Fred O´Donaldson:

Geboren 1937 erfährt Fred seit 1970 ein verbindendes Muster in seinem „ursprünglichen“ Spiel mit unzähligen

Menschen jeden Alters und mit freilebenden Tieren, wie Wölfe, Delphine und Bären. Seine größten Lehrmeister sind dabei die Kinder. Ihr Spiel kennt keine Fehler, keinen Kampf und keine Konkurrenz, kein Gewinnen und kein Verlieren, kein Stark, kein Schwach und keine Angst. Sich auf diese Art spielerisch zu begegnen stärkt ein liebevolles Miteinander.

Familylab von Jesper Juul:

Der dänische Familientherapeut, Berater und bekannte Buchautor hat in Zusammenarbeit mit vielen Ländern weltweit das Netzwerk von Familylab aufgebaut. Hier finden Eltern vielseitige Informationen, auch zu Vorträgen, Workshops und Beratungsmöglichkeiten von Familylab-Trainer/innen. Eine wichtige Botschaft von Jesper Juul für das Wohlergehen einer Familie ist, dass sich Eltern nicht selbst vergessen. Sich selbst und die Paarbeziehung mindestens genauso wichtig zu nehmen, wie die Bedürfnisse der Kinder, ist die Basis für eine lebendige Familienatmosphäre.

WEITERE BÜCHER DER AUTORIN

In der Reihe **Erziehungsratgeber – Baby & Kleinkind von Lucie Gräbe** erscheinen seit 2017 verschiedene Themen-Bände. Sie richten sich an alle Eltern, denen eine gute und verständnisvolle Beziehung zu ihren Kindern am Herzen liegt. Lucie Gräbe vermittelt darin das Wissen, wie sich Kinder natürlich entwickeln und was sie dafür brauchen. Es geht dabei um alle Themen, die Eltern im Alltag mit kleinen Kindern beschäftigen.

ÜBER DIE AUTORIN

Lucie Gräbe

ist Autorin, Pikler®Kleinkindpädagogin, Familylab-Trainerin, anerk. Spiel-u. Theaterpädagogin, Dozentin und Beraterin für Familien und Krippen

„Ich möchte Impulse geben, berühren und ermutigen, auf dem eigenen Lebensweg immer wieder Neuland zu entdecken, so dass ein lebendiges IN-BEZIEHUNG-SEIN einen selbst und das eigene Umfeld nährt."

Geboren 1968 in Landau Pfalz, wurde ich in einem 4-jährigen Studium Spiel- und Theaterpädagogin und spielte und arbeitete für und mit Kindern und Jugendlichen in Österreich und auf Tourneen. Seit '91 war ich jährlich in Fortbildungen bei Rebeca und Mauricio Wild und lebte deren reformpädagogischen Ansatz als Betreuerin in österr. Alternativschulen und 11 Jahre in dem Gemeinschaftsprojekt "LebensRaum-Niederhof".

Als Pikler®Pädagogin arbeitete ich seit 2000 intensiv in der Familienbegleitung im Pikler®SpielRaum in Wien und Niederösterreich und von 2008 bis 2016 in

Baden-Württemberg als Fachkraft in der Krippe und Spielgruppen-Leitung. Seit vielen Jahren biete ich meine Fortbildungstätigkeit, Familien- und Krippenbegleitung im deutschsprachigen Raum an. Immer mehr spezialisiere ich mich auf die Arbeit über das Internet. Ich halte Webinar-Vorträge, Frage-Antwort-Runden, berate Eltern über Email und Skype und produziere Video-Kurse. Ich bin Sprecherin im Online-Kongress „Kinder in Bewegung" und startete 2017 mit einer Erziehungsratgeber-Serie für Eltern.

In meinen persönlichen Beratungen unterstütze ich Eltern beim Finden individueller Antworten auf alle aktuellen Fragen zum Familienalltag.

Kostenlose Kurzvorstellung:

www.familylab.edudip.com/w/174066

Kontakt:

Lucie Gräbe

Webseite: www.lebensecht-leben.de

E-Mail: lucie@lebensecht-leben.de

IMPRESSUM

und Falschinformationen nicht vollständig ausgeschlossen werden. Die Autorin übernimmt keine Haftung für die Aktualität, Richtigkeit und Vollständigkeit der Inhalte des Buches, ebenso nicht für Druckfehler. Es kann keine juristische Verantwortung sowie Haftung in irgendeiner Form für fehlerhafte Angaben und daraus entstandenen Folgen vom Autor übernommen werden. Für die Inhalte von den in diesem Buch abgedruckten Internetseiten sind ausschließlich die Betreiber der jeweiligen Internetseiten verantwortlich.

1. Auflage April 2017

Annweilerstr.9
76829 Landau Pfalz

Printed in Poland
by Amazon Fulfillment
Poland Sp. z o.o., Wrocław

32543892R00092